U0505078

本书获吉林财经大学、吉林财经大学经济学院、吉林省教育厅科学研究项目（JJKH20240177SK）资助出版

于艾思　著

人工智能侵权责任制度的法经济学研究

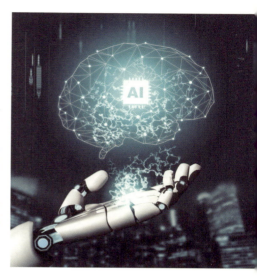

LAW AND ECONOMICS
RESEARCH
ON TORT LIABILITY OF

ARTIFICIAL
INTELLIGENCE

社会科学文献出版社
SOCIAL SCIENCES ACADEMIC PRESS (CHINA)

摘　要

　　作为未来新一轮科技革命和产业革命变革的核心力量，人工智能具有惊人的应用价值和广泛用途。以亿万级庞大数据为参数的人工智能在机器学习的指引下能够在一定程度上辅助甚至替代人类决策和行动，如自动驾驶、生成式人工智能、智能机器人等，而人工智能技术的广泛运用所带来的最大挑战是引发侵权风险。例如，考虑到人工智能的自主性，是否应确立其法律主体地位？当人工智能自主侵害他人权益事件发生时，又应如何划分相关侵权责任，具体赔偿如何实施？这些问题正强烈地冲击着现有法律制度，潜在受害人的合法权益保护不容忽视。虽然成文法存在一定的滞后性，但关于人工智能法律风险问题的思考应具有前瞻性。前瞻预判人工智能发展与应用可能带来的负外部性，并及时采取风险防范措施，即预防性行为和因应性制度安排，才是符合鼓励创新、预防风险这一价值取向的最佳应对方式。

　　人工智能侵权具有自主性、人机交互性和广泛性的特征，使得现有侵权责任制度无法完美地将人工智能侵权问题纳入现有法律责任框架下，出现了人工智能侵权责任制度供给不足、责任主体混乱、因果关系难以建立、责任界定不清等问题。为解决以上问题，化解人工智能法律风险，本书尝试构建符合人工智能侵权特征的人工智能侵权责任制度，将人工智能侵权外部成本内部化，激励侵权事故当事人采取有效注意水平的预防措施，以降低人工智能侵权风险，实现制度效率均衡。规则与事实之间存在着永恒的间隙，而科学理论是弥补这种间隙的重要工具。本书以科学的马克思主义理论指导人工智能立法实践，在借鉴法经济学相关理论的基础上，结合规范分析、实证分析和博弈分析的研究方法，遵循"责任界定——行为激励——制度选择"的逻辑脉络，展开对人工智能侵权责任制度的两个核心问题——"人工智能侵权是否构成"和"人工智能侵权责任如何分配"的深入研究，并进一步寻找符合中国国情的人工智能侵权责任制度建构思路。从经济学视角出发分析人工智能侵权这一法律问题，既能够从理论上丰富人工智能侵权风险规制的研究成果，又能够从实践上帮助破解现行法律制度在应对人工智能侵权风险中的困境，为司法实践提供稳定预期，提升法律的威慑力和救济效率，达到以加强前瞻预防与约束引导的方式来防范人工智能侵权风险的目的。

关键词：人工智能；侵权责任；法律主体资格；归责原则；惩罚性赔偿

Abstract

As the core force of a new round of technological and industrial revolution in the future, artificial intelligence has astonishing application value and wide applications. Artificial intelligence with massive data as parameters can assist or even replace human decision-making and actions to a certain extent under the guidance of machine learning, but it also brings tort risks. For example, considering the autonomy of artificial intelligence, should its legal subject status be established? When an incident of artificial intelligence infringing on the rights and interests of others occurs, how should the relevant tort liability be divided, and how should specific compensation be implemented? These issues are strongly impacting the existing legal system, and the protection of the legitimate rights and interests of potential victims cannot be ignored. Although there is a certain lag in written laws, the thinking on the legal risks of artificial intelligence should be forward-looking. For us, the best way to cope is to think ahead and anticipate the potential negative impacts of the development and application of artificial intelligence, and take timely preventive actions and corresponding institutional arrangements to prevent risks. This approach aligns with the value orientation of encouraging innovation and preventing risks.

Due to the autonomy, human-machine interaction, and universality of artificial intelligence tort, the existing tort liability system cannot perfectly incorporate the issue of artificial intelligence tort into the existing legal liability framework for reasonable resolution. In the end, problems such as insufficient supply of artificial intelligence tort liability system, confusion of liability subjects, difficulty in establishing causal relationships, and unclear definition of liability emerged. To address these issues and mitigate legal risks associated with artificial intelligence, an attempt is made to establish an AI tort liability system that conforms to the characteristics of AI tort. Internalizing the external costs of artificial intelligence tort through systems, incentivizing parties involved in tort accidents to take effective preventive measures, in order to reduce the risk of artificial intelligence tort and achieve a balanced system efficiency. There is an eternal gap between rules and facts, and scientific theory is an important tool to fill this gap. This book guides the legislative practice of artificial intelligence with scientific Marxist theory. On the basis of drawing on relevant theories of law and economics, using research methods such as normative analysis, empirical analysis, and game analysis, following the logical framework of " definition of liability-behavior incentives-institutional selection", this study conducts in-depth research on the two core issues of "whether artificial intelligence tort constitutes" and "how to allocate artificial intelligence tort liability". Then, seek a way to construct an artificial intelligence tort liability system that is in line with China's national conditions. Analyzing the legal issue of artificial intelligence tort from an economic perspective can theoretically enrich the research results of artificial intelligence tort regulation. Moreover, in practice, it can help to solve the difficulties of the current legal system in dealing with the risk of artificial intelligence tort, provide stable expectations for judicial practice, improve the deterrence and relief efficiency of the law, and achieve the goal of strengthening forward-looking prevention and constraint guidance to prevent the risk of artificial intelligence tort.

Keywords: Artificial Intelligence; Tort Liability; Legal Subject Qualification; Principle of Imputation; Punitive Damages

目 录

Contents

第一章 人工智能侵权责任制度研究缘起与路径

第一节 研究背景和研究意义

一 研究背景

随着数据处理能力和深度学习能力的提升，人工智能已经全方位介入人们的生产生活中以辅助或者代替人类活动，改变甚至颠覆了人们现有的生产生活方式。人工智能被认为是21世纪三大尖端技术之一，近些年来飞速发展，并被广泛应用到各个学科领域，掀起了一场以人工智能为核心的科技革命。传统的由资本和劳动力推动经济增长的能力不断弱化，而作为一种新型生产要素的人工智能则有可能通过改变生产方式、调整产业结构、激励创新等途径推动经济的新增长。埃森哲（Accenture，2016）模拟了人工智能对共同创造全球50%以上经济产出的12个发达经济体的影响，然后通过在基准情景中的比较研究预测人工智能可将劳动生产率提高40%，并且到2035年，人工智能能够将年度经济增长率提高一倍。人工智能被视为"能够改变游戏规则"的颠覆性技术，已经成为经济发展的新引擎和国际竞争的新焦点。对于正处于由高速增长阶段转向高质量发展阶段的中国经济来讲，人工智能技术的成熟及应用催生的智能经济，将为经济的高质量发展提供有力支撑。基于对人工智能发展潜力的清晰认识，中国先后通过"工业4.0"战略、"机器人革命"、"十三五"国家科技创新规划中的"科技创新2030—重大项目"和《新一代人工智能发展规划》确立其重要战略地位。

1956年，约翰·麦卡锡在达特茅斯会议上将人工智能简单定义为"要让机器的行为看起来就像是人所表现出的智能行为一样"。随着人工智能技术水平的不断提高，其定义和内涵也在不断丰富，人工智能可以被认为是机器能够像人一样理性地思考和行动，这里的行动并非指简单的肢体动作，而是指进行决策并采取行动。从定义来看，基于大数据和深度学习的人工智能技术拥有着不同于其他技术的突出特点——自主性，它能够在人类智慧的引导下以更快的工作速度、更高的工作精度和更好的工作态度协助或替代人们解决各种问题，包括危险和极端环境下的各类难题，为我们创造更便利的生活条件（钟义信，2016）。但也不能忽视的是，人工智能发展在推动经济、便利生活的同时也给社会、伦理和法律等领域带来不小的风险与挑战。比如，人工智能的自主性令其可以在一定程度上辅助甚至替代人们的决策和行动，那么是否应当确立其法律主体地位？当人工智能自主侵害他人权益的案件出现时，相关侵权责任又该怎样划分？……面对这些问题，我们需要未雨绸缪，虽然法律制度总是具有滞后性，但关于法律问题的思考应当具备前瞻性。只有高度重视并前瞻预判人工智能发展可能带来的负面影响，并及时采取必要的风险防范措施，才能够通过激励发展和合理规制的协调来实现在防范风险的同时推动人工智能产业发展（吴汉东，2017）。为更加有效地化解人工智能带来的法律风险，《新一代人工智能发展规划》中明确提及要建立保障人工智能健康发展的法律法规和伦理道德框架。

人工智能技术的应用能够显著提高生产率，但其自主性也给使用者自身及财产安全带来了潜在风险。一般来看，人工智能侵权可以概括为两种类型：一种是人工智能在侵权行为中仅扮演辅助性工具的角色，比如乘坐人在自动驾驶车辆行进过程中主动调整方向盘导致事故发生；另一种是人工智能可能已经具备独立的意识，由其自主决定并实施侵权行为，比如机器人在未接受任何指令的情况下做出伤害他人的行为。一旦因人工智能造成人身或财产损害，由谁来承担责任、承担多少责任等问题就亟待解决。现有的侵权责任制度体系无法完美地将人工智能侵权问题纳入，除在具体的追责过程中可能因制度供给缺陷、因果关系难以建立等导致个体损害无法得到救济外，人工智能产业的发展也可能会因使用者的权益保护不足等问题受阻，造成创新激励不足，增加社会成本，乃至影响整体经济发展。基于这一背景，本书在马克思辩证唯物主义方法论和异化理论的指导下，运用法经济学的研究方法，以科斯定理、波斯纳定理、理性选择理论、汉德公式等理论为借鉴，分别对人工智能侵权责任制度的责任构成要件、归责原则以及损害赔偿等进行梳理和分析，探索符合人工智能发展规律的侵权责任制度框架。

1. 研究的理论意义

研究人工智能侵权责任制度的理论意义在于以下两点。

第一，补充并丰富人工智能侵权责任领域理论研究。在梳理国内外关于人工智能侵权问题的研究成果中发现，由于人工智能是一门新兴技术，与其配套的相关法律法规、伦理规范和政策体系尚未成形，各个国家也仍处在积极探索阶段，因此，研究人工智能侵权责任制度的文献也多集中于法学领域，重点讨论人工智能的法律地位、责任归责原则问题，或是从实际应用领域角度出发研究自动驾驶汽车事故责任问题等，并未对人工智能侵权责任制度进行深入的、横向的综合性和系统性考量，更没有与现行法律框架做整合思考。侵权责任制度作为规制侵权行为、认定侵权责任、实施侵权救济的制度体系，是一个综合性较强的研究对象，而且人工智能的自主性进一步加剧了当前制度效率低下的复杂局面。本书尝试从法经济学角度出发，通过对相关概念和范畴的重新厘清，运用经济学理论和分析方法深入研究人工智能侵权责任制度，以填补当前关于人工智能侵权责任制度体系研究的空白。

第二，本书是将经济学理论应用于人工智能侵权问题研究领域的一次大胆尝试，丰富以人工智能为研究对象的经济学研究成果。关于人工智能侵权问题的研究一般被认为属于法学范畴，法学主张侵权法是通过向侵权人施以一定责任，来补偿受害人因侵权行为所致的损害，同时实现制止侵权行为发生的威慑作用。但是，人工智能技术作为经济发展和国际竞争的制胜关键，以传统法学的观点来分析和解决人工智能侵权问题势必会抑制创新，降低市场运行效率。而经济学理论则能够为人工智能侵权问题提供一个全新的视角，探究在有效规范市场行为、保障主体合法权益的同时又能实现激励创新的制度规范，为人工智能法律法规体系建设给予实质性建议。另外，以人工智能为研究对象的经济学成果多着眼于分析人工智能与经济增长、就业或收入分配之间的关系，比较之下关于人工智能实际应用问题的经济学成果就十分少见，且研究内容较为浅显。本书是经济学理论与人工智能侵权问题相结合的一次尝试，希望借此为以人工智能为研究对象的经济学研究做出一点贡献，试图寻找解决人工智能侵权问题的新路径，为构建我国人工智能法律法规、伦理规范和政策体系提供理论参考。

2. 研究的现实意义

研究人工智能侵权责任制度的现实意义在于以下两个方面。

第一，完善人工智能侵权责任制度是解决现行法律困境、化解未来风险、推动人工智能健康发展的必要措施。人工智能具有显著的自主性特征，由此动摇了以人类行为者为中心的侵权责任和以产品生产者为中心的产品责任法律制度体系的基本框架，所以想要妥善解决人工智能侵权问题，就不能够模糊地将其纳入原有侵权责任框架下，这既不利于保护法律主体权益，又不利于市场有效运行。我国目前人工智能侵权责任制度缺位，极易引起权益受损严重和市场秩序混乱的不良后果，加剧未来不稳定风险，阻滞人工智能产业乃至经济的长远发展。因此，本书对人工智能侵权责任制度进行系统研究既可以填补法律制度建设空白，又有助于化解风险，保障人工智能发展。

第二，完善人工智能侵权责任制度能够提供稳定预期，进而充分发挥法律的威慑作用和补偿作用。人工智能侵权责任制度的缺失不利于人工智能研究开发者、设计制造者、部署应用者和使用者形成稳定预期，容易造成非理性决策行为的发生，也就不能发挥出法律应有的威慑作用。明确的责任归责原则和适当的损害赔偿机制能够激励当事人采取最优水平的预防措施，减少侵权事故的发生，确保受害人获得有效救济，能够进一步增强人们对人工智能的认可度和信心，提高人工智能市场需求，扩大市场规模。同时，明确的制度也促使人工智能企业更准确地制定生产研发策略，激励企业创新行为，为人们提供更多人工智能产品，提升人工智能市场的有效供给。另外，完善人工智能侵权责任制度也有利于降低法律成本，在司法过程中能够以更低的交易成本解决侵权问题，提高法律运行效率。

第二节　相关文献综述

20 世纪 60 年代开始，以科斯（Coase，1960）和卡拉布雷西（Calabresi，1961）为代表的学者们开创性地对侵权责任制度展开经济学研究，之后经过波斯纳（Posner，1972）、布朗（Brown，1973）、Diamond（1974）等诸多学者对其观点的继承和发扬，形成了丰富的研究成果。自人工智能在经济社会各领域得到广泛应用以来，所带来的人工智能侵权性风险和责任性风险问题使侵权责任制度再一次成为学者们关注的热点问题。本节通过对传统侵权责任制度以及人工智能侵权责任相关研究成果的追溯和分析，在充分了解和掌握该领域发展状况及脉络的同时，寻找研究人工智能侵权责任制度本土创新问题的有益思路。

一 人工智能侵权责任构成

1. 人工智能的法律地位

关于人工智能机器人是否应被视为"人"并确立其法律主体地位的问题，是人工智能相关法律研究的一个核心，也是当前学者们争论的热点。关于此问题的研究有"主体说"和"客体说"两大类。

第一类，持"主体说"观点的学者认为应当肯定人工智能的法律主体地位并赋予其必要权利。张玉洁（2017）从权利生成的内在逻辑出发，论证了确认机器人权利主体地位既符合权利发展的内在规律，也是社会发展趋势所在，并进一步划分出数据共享权、个体数据专有权、基于功能约束的自由权以及获得法律救济权这四项机器人基本权利类型。吴梓源（2019）强调将人工智能列入法律主体范畴，是出于现实中人的利益保护需要，而非因为其自身的自主性考虑。郭剑平（2020）通过制度变迁的理论分析，从人工智能具备理性能力的实质要件、权利能力的实质要件以及符合社会功能的价值取向的三个角度证立其主体资格。更进一步地，学者们从具体实践角度出发，对诸如自动驾驶汽车等人工智能实体进行分析，张继红、肖剑兰（2019）主张应赋予自动驾驶汽车独立的法律地位，这样做既符合权利的发展规律，又能优化自动驾驶汽车事故的侵权责任分配问题。

不过，考虑到传统理论以及现行法律规范中只能将自然人、法人和其他组织列为法律主体的局限性，一些学者则变通地尝试寻求规范内其他可能路径来确认人工智能的主体资格，产生了诸如有限主体资格说、人工智能代理说及新型法律人格说等观点。具体来看，主张有限主体资格的袁曾（2017）出于对人工智能具有自主决策和独立行动的能力这一特征的考虑，指出人工智能有资格享有法律权利并承担相应的责任义务，应当具备法律人格，但因其承担能力有限，故人工智能只拥有有限的法律人格。王勇（2018）特别指出，不论人工智能是否能够成为我国法律主体，都应在其内部形成一套具有强制力的规则，并在此层面上视其为法律关系主体，即主张界定人工智能为有限法律主体。另外，许中缘（2018）将以法律工具主义为中心的权利与义务作为认定人工智能民事主体的法律标准，并考虑人工智能的工具属性，认为应赋予智能机器人以工具性人格这一有限性法律人格，具体表现为行为能力、权利义务和责任能力的有限性。而秉持代理说观点的学者，比如彭文华（2019）认为人工智能与人类之间存在代理关系，并在此关系下认可人工智能具备独立法律人格，但又因人工智能无法独自承担其行为后果，故规定将其行为结果归属于人类。

相较于保守地进行法律尝试，一些学者选择大胆地"创制"出新型法律人格。面对由人工智能自主性引致的不可预见风险，郭少飞（2018）从现实、历史、理论三个维度展开论述，提出在法律上确立新的法律主体类型"电子人"作为人工智能法律主体的规范称谓以表征人工智能系统或机器的观点，并进一步从法外思考"电子人"主体的可行性，认为以"电子人"主体构建交易制度、责任制度和权利制度能够降低交易成本，形成有效激励。不过，吴习彧（2018）质疑该想法，他认为即便创设出类似"电子人"的法律人格，可是由于人工智能无法准确理解权利和义务的含义，法律规则就不能够对人工智能自身行为决策形成约束或激励。所以，出于现实角度考虑，为了化解和防范人工智能带来的风险挑战，应当将思考更多地集中在如何通过法律去影响人工智能背后的人的行为上。本书的观点与其一致，法律制度无法直接调整技术本身，从而降低技术带来的社会风险，只能通过激励人的行为来进一步改变技术。

第二类，持"客体说"观点的学者否定赋予人工智能法律主体资格的主张。吴汉东（2017）基于法理学中主客体二分法理论，分析赋予人工智能法律主体资格的可行性，但发现在民法理论中难以找寻合理解释，而且人工智能的"智性"不同于人类的"智慧"，因此认为受自然人控制的机器人，不足以取得独立的法律主体资格。在现有技术水平下，人工智能仍旧不具备人类的自主思考意识和能力，基于此，王利明（2018）认为既有的法律制度和规则体系仍能够有效解决人工智能的相关问题，进一步否认了在当前阶段确立人工智能民事主体地位的必要性。付其运（2021）从法理逻辑和实践两个层面论述了人工智能非主体性，非主体性有助于提高人工智能设计者、管理者等人员的谨慎义务，进一步加强权益保护。

虽然未能确立人工智能的法律地位，但是由于人工智能具备与一般客体相区分的特征，不能简单地归为"物"而忽视其自主性，因此，有学者运用类比的方式尝试厘清人工智能的法律地位。杨立新（2018）将人工智能的民法地位划定为人工类人格，可视为类似于自然人格的一种民事法律地位，但依旧将其归为物的范畴，是法律上的权利客体。冯洁（2019）指出相较于法人，人工智能更像是有自我意识的动物，无法独立承担责任，但为其行为承担责任的是人类本身，如此一来，人工智能也应当同动物一样被视为法律关系的客体。不同于"动物论"观点，刘洪华（2019）则是倾向于将人工智能界定为法律客体中的特殊物，并对其进行特殊的法律规制，方能达到促进人工智能发展与对其进行约束和引导的双重目标。此外，一些研究中虽然未明确讨论人工智能的法律主体问题，但在解决人工智能带来的权益损害问题时，选择适用侵权责任制度下的产品责任，实质上也否认了人工智能的法律主体地位，将其视为法律客体，而由生产者或销售者承担相应的法律责任。

2. 人工智能侵权的构成要件

针对侵权构成要件的研究集中考察是否有加害行为和损害结果、行为和结果间有无因果关系以及行为人是否有过错，这些问题是确认一切侵权行为成立的指南。学者们在经济学研究框架下对侵权的构成要件进行分析，考察侵权责任制度能否在实现社会成本最小化的同时激励当事人达到社会最优的预防水平。

第一，加害行为和损害结果。对加害行为和损害结果加以研究的主要原因在于，损害既是要求侵权人承担损害赔偿责任的前提条件，又是确定赔偿数量的根本依据。只有确定侵权损害的存在，才能要求侵权人承担相应责任，否则无损害便无责任。李昊（2019）总结了法学上关于"损害"的定义，认为损害是因特定事故所致的受害人之利益损害，具体计算方法有"差额说"和"组织说"之分，损害赔偿的数额则根据损害确定，其目的主要在于威慑和补偿。而从经济学角度来看，考特和尤伦（2012）将损害定义为效用的降低。由于一个人效用既与自身行为相关，又受他人行为影响，那么当他人行为产生的外部性造成效用的降低时，就可以认为此人对别人造成损害。科斯（Coase，1960）指出只要包含了社会成本就应进行赔偿，社会成本源于社会总福利的损失。同时损害赔偿既能够确定事故风险的承担者，又能影响使侵权人尽到合理注意义务的激励机制。Arlen（2000）认为明确、适当的损害赔偿标准能够使侵权人在对预期事故成本加以预测后采取理性的行为决策，而且具体赔偿标准的确立与被侵权人为避免损害而付出的成本多少相关联，对行为人具有预防激励作用。

第二，因果关系。无论是英美法系或是大陆法系，因果关系都成为认定侵权责任的构成要件，是侵权行为成立的基础。哈特、奥诺尔（2005）曾指出法律人在考虑某人是否应该因已发生的危害而承担责任这一问题时，"归因调查"成为他们的主要困惑，这表明在司法实践中法院必须确定是否能够将已发生的危害归因于被告。不同于法学研究结论，李婧（2009）指出经济学将因果关系具体描述为：若有一方为避免事故发生所付出的成本低于事故造成的损害，那么他的行为就构成损害后果的原因并需要为此承担相应责任。也就是说，哪一方享有侵害的权利或者哪一方享有不受侵害的权利，是根据双方避免事故发生付出的成本高低决定的。这是基于科斯

（1960）提出的"问题的交互性质"，由于损害是相互的，侵权事故双方的行为对于导致事故发生来说就具有同样的作用效果。Brown（1973）更进一步地指出，从因果关系来看，决定侵权责任的唯一因素应是当事人的无效行为。那么，在侵权法的经济分析过程中，法学上所主张的因果关系并不十分重要，更受法经济学家关注的是如何使行为更利于社会福利最大化，更利于以侵权责任制度来激励当事人采取最优预防水平。此外，关于因果关系证明责任的分配方式也值得探讨，徐静文、张红霄、何文剑（2016）指出在损害发生前，为降低错判可能性，应当将证明责任划分给预期错判损失较低的一方；而在损害发生后，为兼顾公平与效率，应将证明责任划分给证明成本较低的一方。因果关系的证明在人工智能侵权案件中成为一个更加棘手的问题，刘佳（2019）在研究中特别强调，人工智能的自我学习和自主决策能力使开发者也难以对其完全掌控，无法有效判断人工智能侵权行为的发生是受人类影响还是自主行为，造成责任认定障碍。面对人工智能侵权因果关系认定的复杂性，运用经济学的分析方法能够为妥善解决人工智能侵权问题提供一条有效的解决思路。

第三，过错。确认侵权行为成立的一大要件是行为人存在过错。叶名怡（2010）总结了故意和过失两种侵权过错的区别和意义，其中，故意是指在考察行为人的心理状态时，行为人明知其行为的损害后果却意图追求该结果的发生，则从主观标准即可认定行为人过错；过失的认定则是一种客观标准的判断，也是一个有待具体化的标准。关于过失这一客观标准的确定，虽然法学领域尚未形成统一观点，但在经济学上可以根据行为人是否积极地采取适当水平的预防措施来确定。经济学关于过错的讨论，最初源于美国政府诉卡洛尔拖轮公司案件这一判例中由汉德法官提出的汉德公式，这一公式也阐明了过失的经济学内涵。汉德公式可以简单归结为：当预防成本小于损害时，行为人不积极地预防，那么其行为就存在过错，构成侵权且应当承担责任；反之，当行为人积极地采取预防措施，会被视为履行了合理注意义务，则不构成侵权，就不需要承担责任。刘巧兴（2013）进一步强调了汉德公式对我国传统过失侵权责任分析的借鉴意义，认为在司法实践中可以运用汉德公式分析和验证法律行为及其结果，通过这种经济分析的方法使判决更具有正当性和公正性。面对人工智能这一新兴技术发展，传统侵权过错认定方式的局限性越发凸显，而汉德公式这一以函数计算为主的经济分析方式颇具灵活性，能够在人工智能侵权责任认定司法实践中提供较为精确的客观标准，使判决说理依据更加充分，提高侵权责任制度的效率。

二　人工智能侵权责任的承担

在解决人工智能侵权问题中，核心内容是确定损害行为后果的归属，包含两个方面：一方面是由谁承担，即责任形态问题；另一方面是以什么理由承担，即归责原则问题。责任形态和归责原则是构成人工智能侵权责任制度框架的基本内容，学者们对此问题也进行了广泛的讨论。

1. 人工智能侵权责任形态

现有研究分别从整体规制和具体应用两个层面对人工智能侵权责任适用问题进行分析，涉及产品责任、替代责任、交通事故责任等多种责任形态。

刘小璇、张虎（2018）和吴汉东（2017）从全局出发，为人工智能系统致人损害责任的认定提供了两种不同的解决思路：一是适用基于行为人过失所产生的产品责任，应将责任归于负有过失的制造者、销售者；二是适用基于技术中立所产生的替代责任，可以避免以技术中立原则进行责任规避的情况。梁鹏（2018）考虑到人工智能缺乏独立承担民事责任的基础，提出比照未成年人的责任形式，将人工智能产品侵权以替代责任形态进行确认，并依照不同的情形分别由操作者、制造者或二者同时成为承担替代责任的主体。由于产品责任和替代责任两者在制度安排上存在差异，所以在实践中还要视具体情况而定。比如，想要适用产品责任，需要判断侵权场景下的人工智能是否为产品，并满足产品责任要件方能予以追责。司晓、曹建峰（2017）提出在未来通过完善人工智能审批机制的前提下，可以选用差异化责任规则，涉及审批通过的人工智能侵权诉讼需要按传统产品责任认定进行举证，而未通过审批的人工智能则由制造者等主体承担连带的严格责任。

聚焦人工智能具体应用场景的学者对人工智能侵权问题的研究则更加细致化，尤其是较为常见的自动驾驶汽车领域。由于交通事故多由人类驾驶员过错引致，故现有交通事故侵权责任制度是围绕汽车驾驶员展开的，那么对于自动驾驶汽车事故来讲，Schroll（2015）认为相应的交通事故侵权责任由人类驾驶员承担是一种自然的选择。但当自动驾驶汽车的行进完全由人工智能控制时，其一切后果全部由驾驶员或使用者自行承担又过于严苛。杨在会（2018）按照自动化级别差异将自动驾驶汽车划分为三类进行讨论，认为这三类自动驾驶汽车若因质量问题造成他人权益受损均涉及产品责任，应追究汽车制造商、自动驾驶系统提供者等相关主体的责任，并在自动驾驶汽车交通事故责任判定中区分保有人和驾驶人分别承担的无过错责任和过错责任，同时根据不同自动驾驶类别采用不同的责任成立要件。可见，自动驾驶汽车的出现正逐步将机动车事故诉讼的重点由驾驶员责任转向产品责任。郑志峰（2018）强调区分驾驶辅助与自动驾驶、人工驾驶与自动驾驶是十分必要的，自动驾驶模式下发生交通事故，属于产品缺陷侵权，应由制造者承担产品责任。随后，郑志峰（2021）又指出在由生产者一方承担产品责任的同时，需要降低受害者的举证难度。

2. 人工智能侵权责任归责原则

归责原则是相关行为人承担民事责任的认定依据。一般来讲，侵权责任制度中主要包含两种归责原则：一种是过错责任原则，指侵权人对其有过错的行为承担民事责任，包括故意的过错和过失的过错；另一种是严格责任原则，也称无过错责任原则，指即使损害无法通过合理注意而避免，侵权人对受害人的损害赔偿也仍需承担责任。经济学上对于两种不同的责任归责原则均进行了深入的研究。

经济学关于过错责任原则的分析首先着眼于"过错"的认定标准。一般认为，理性行为人会在充分考虑他人利益基础上进行决策，且提高侵权人的注意水平能够降低事故发生的概率，那么"过错"就意味着侵权人未做到理性行为人为保护他人利益而采取有效预防措施，并将其认定标准界定为侵权人未能达到合理注意水平，尽到合理注意义务。合理注意水平的寻找和确定是经济学对于过错责任原则研究的重点。注意水平的提高，能够降低侵权事故发生的概率和数量，由此预期事故成本也会相应减少，但注意水平的提高也会带来预防成本的增加，一味地提高注意水平并不合理，只有预期事故成本的减少能够弥补预防成本的增加时，采取预防措施才是经济的，那么使这两种成本之和最小化的注意水平就是合理的最优注意水平。萨维尔（2004）还进一步分析了过错责任原则的相关因素，比如行为主体间差异是否会导致合理注意水平的不同等相关问题。

不同于过错责任原则，严格责任原则下侵权人必须为其行为承担一切成本，包括自身行为的成本以及对方因自身行为产生的成本。那么在严格责任原则下，侵权人需要考虑的是如何行动才能降低成本这一问题。最好的解决办法就是侵权人采取有效的预防措施，当采取预防措施后的全部成本低于可能不采取预防措施导致的所有成本时，那么预防措施就是有效率的。王青龙（2011）认为在严格责任适用领域内，侵权人相较于潜在受害人拥有更多信息和专业技能，采用严格责任原则将责任归于侵权人能够促使其积极预防、减少侵权行为、节约司法成本，而且由侵权人从源头采取预防措施能够带来规模经济，使外部性成本内部化，这是具有经济效率的。

在归责原则的选择过程中，波斯纳（1997）通过分析不同归责原则对侵害者和受害者活动量的影响，得出能够识别潜在侵害人的活动量变化是事故预防中最有效率的方法，那么就有足够理由对这些人施以严格责任的结论。也就是说，如果能证明减少人工智能这一方主体活动量是规制人工智能侵权行为有效率的方法，就应选择严格责任作为侵权归责原则。在现有研究中，关于人工智能侵权责任之归责原则的选择也众说纷纭，叶美琪（2019）在研究中提出人工智能产品侵权的分类归责原则——将过错责任原则适用于人工智能的设计者、使用者，而将严格责任原则适用于其生产者和销售者。刘小璇、张虎（2018）考虑到人工智能具有专业性、不透明性、不可预测性和难以防控性等特点，提出以无过错责任为归责原则，认为无须由受害人证明过错更加公平，并特别指出以公司法中"刺破公司面纱"理论的归责原则为借鉴来确定相关责任主体的应对之法。不过，在以上学者的研究中，对人工智能侵权责任归责原则的选择多从公平角度出发，而缺乏效率方面的考量。正如 Galasso 和 Hong（2018）所强调的，不同的责任分配方式会对人工智能创新激励、企业边界、市场结构产生不同程度的影响，这些因素会进一步影响人工智能技术变革的速度和方向，识别和估计这些动态效应对选择和评估制度的成本收益也至关重要。在归责原则的效率方面，王飞翔（2019）提出应将事故类型化并抽象出两种不同的预防模式，在潜在受害者单边预防的情况下采取严格责任原则，在双边预防的情况下采取过错责任原则。魏益华、于艾思（2020）基于法经济学视角，以科斯定理为理论基础，从生产者、消费者以及产业和市场等多角度对不同归责原则的效率水平展开分析，认为把过错责任作为人工智能产品侵权责任制度之归责原则更具经济效率。

三 人工智能侵权损害的赔偿

在当前已有的关于人工智能侵权问题的研究中，侵权损害赔偿问题并非其研究重点，分析内容也多与侵权责任的责任主体确认相关联，主要围绕损害赔偿的支付问题展开。一般来讲，支持赋予人工智能主体地位的学者主张侵权损害赔偿由人工智能承担，具体可通过强制保险的方式交由所承保的保险公司支付，或建立人工智能赔偿基金用以支付等方式。

学者们着眼于人工智能侵权的不同情形，分析符合实际的损害赔偿方式。比如，吴维锭、张潇剑（2019）基于法经济学的研究范式分析智能投资顾问领域的侵权损害问题，得出由智能投资顾问本身承担受害人的损失并明确规定由制造商或使用者承担资金缴纳义务是有效率的，侧面肯定了人工智能主体论。而牛彬彬（2020）则利用动态系统论的方法构建了自动驾驶侵权损害制度，指出三种不同情形下的损害赔偿支付问题：当自动驾驶汽车侵权事故的发生因其自主性导致，损害赔偿由承保产品责任保险的公司支付；此时如若保险公司能够证明产品存在缺陷或驾驶人存在过错，则其可以向制造商或驾驶人追偿；而假定事故发生在非自动驾驶即人工驾驶阶段，可遵循常规的机动车道路交通事故处理方法。苏炜杰（2021）在探究人工智能养老服务侵权问题中指出，对侵权损害赔偿责任进行适当限额能够更好地平衡生产者与受害老人之间的利益，同时出于人工智能的高技术风险考虑，主张通过市场主导的强制责任保险机制分散民事责任风险。另外，朱凌珂（2021）基于人工智能的发展趋势，提出由新的责任归责体系对人工智能侵权行为予以规制，其中强制保险、赔偿基金等都是可行的法律方案。

虽然学者们在讨论人工智能侵权责任承担问题的过程中，对相应损害赔偿的承担有所提及，但由于并非研究重点，故而并未形成完整的人工智能侵权损害赔偿研究体系，但在传统的法经济学中关于侵权损害赔偿已经形成了较为完整的研究框架和结论。

1. 过错责任归责原则下的损害赔偿

在过错责任归责原则下，理性的行为人会在损害赔偿与预防成本之间进行衡量后做出决策，损害赔偿标准的设置则能够影响对事故双方进行合理注意和最优行为的激励水平。

对于侵权一方来讲，如果司法部门能够准确设立行为标准，那么对侵权损害的完全赔偿将激励侵权人选择最优注意水平，避免事故发生。但 Cooter（1984）则提出在过错责任原则下，如果侵权人放松注意水平，可以预见其承担的潜在赔偿责任势必会加重，预期成本就越高，那么即便未能够对受害人进行完全充分的损害赔偿，也能够实现制度对侵权人合理注意水平的有效激励。由于侵权人可以通过注意减少责任，那么可以认为赔偿额度与制裁的严厉程度无关，因为他们只支付预防成本来保证安全。对于受害一方而言，在过错责任原则下，潜在侵权人能够通过自己施加注意而避免责任，这样所有损害成本将全部由受害人自行承担，由此会对受害人同样形成一种激励，使其采取一定水平的预防措施。Shavell（1980）认为这种激励是有效的，能够令其行为达到最优水平。但 Arlen（1985）进一步指出虽然当受害人获得完全充分的损害赔偿时，过错责任原则将实现最优威慑水平，但不一定能实现帕累托最优，这还决定于权利在事故双方之间的初始分配。

国内关于侵权损害赔偿的经济分析也有所贡献。谢小平、王忠民（2003）基于汉德公式将行为主体置于社会关系的博弈中，寻找事故双方各自的最佳预防值，并依据我国《民法通则》相关规定分析双方主体各自在不同的预防水平下的占优策略，发现无论是施害方还是受害方，在博弈中选择各自的最佳预防水平都是占优策略。

2. 严格责任归责原则下的损害赔偿

在严格责任归责原则下，侵权人需要对受害人进行完全充分的损害赔偿，那么侵权损害赔偿额度将被限制在事故损失范围内，而事故预期成本的增加能够使潜在侵权人提高对预防措施所耗成本的支付意愿。Shavell（1980）认为这种完全充分的损害赔偿对于严格责任原则下的侵权行为能够产生最优的威慑水平，而且对责任归责原则和初始权利界定的设置能够实现帕累托效率的目标。

侵权人与受害人的注意水平和行为选择都能够影响预期事故成本。在严格责任归责原则下，由于受害人损害能够得到完全的补偿，也就不需要承担损害成本，那么这种责任规则就不会激励潜在受害人采取预防措施去避免损害发生。严格责任归责原则虽然削弱了对潜在受害人预防水平的激励，但能够取得对侵权人最优的威慑作用。当行为的预期损害赔偿成本等于社会成本时，侵权人会理性选择社会成本最低的合理注意水平和最优的行为水平。

3. 惩罚性赔偿

对于侵权损害赔偿机制，除上述一般的补偿性损害赔偿外，还有包含惩罚作用在内的惩罚性损害赔偿。随着 Posner（1972）、Cooter（1989）、Polinsky 和 Shavell（1998）对惩罚性赔偿的理论研究的不断深入，威慑理论也逐渐被接受。Cooter 和 Ulen（1988）认为当产品责任中的因果关系较弱，受害人无法基于足够正当的法律权利进行诉讼时，采用惩罚性损害赔偿能够有效避免生产者和销售者方面逃避责任，使其损害成本内部化。无论是以严格责任还是以过错责任为归责原则，惩罚性损害赔偿都能够激励侵权人最大限度地降低事故的社会成本（唐斌，2013）。

经济学还从惩罚性赔偿数额角度定义了惩罚倍数，并将其作为最佳惩罚性赔偿额度的确定依据，但在实际判决过程中，赔偿额度的确定更多还是依赖法官对具体案件的判断。但是，杨静毅（2011）指出当前我国惩罚性赔偿金额按照产品类型区别存在弊端，无法通过列举方式涵盖所有产品类别，为保证法律的一贯性和权威性，应当对惩罚性赔偿金额做统一认定，并赋予法院一定的自由裁量权，由法院在制度约束下针对具体情形确定惩罚性赔偿额度。而惩罚性赔偿作为一种特殊的损害赔偿制度，能否适用于人工智能侵权事故，或者说惩罚性赔偿制度能否在某些类型的人工智能侵权案件中发挥其特别的激励效用，也是未来值得思考和研究的问题。

四 相关研究成果的述评及本书的研究空间

人工智能的发展正强烈冲击着传统的民事法律制度体系，人工智能是否应被赋予法律主体地位，是研究法律如何引导人工智能有序发展的最基本问题。否定人工智能法律主体地位的学者的研究路径是以已知条件为推理出发点，主张由于人工智能不具备人之理性、意志力、思维能力等条件，即人工智能不符合民事主体的成立条件，不应将其以民事主体身份纳入现有法律制度体系内。坚持"客体说"观点的分析过程注重的是解释如何做出价值判断的具体过程，坚持"主体说"观点的分析过程则截然不同，更为注重的是价值判断的结果。坚持"主体说"学者的研究路径是以价值判断的结果为出发点，逆向推理出肯定人工智能法律主体地位的原因在于解决现实问题的必要性、人工智能的独立意识、人工智能享有权利等方面，虽然在一定程度上摆脱了现有制度框架的桎梏，但忽视了得出结论所采取的解释方法和判断过程，其论证过程稍显不足。另外，现有研究都是基于法学视角展开，缺乏经济学角度的研究。无论是否赋予人工智能法律地位，都会对经济社会发展产生一定的影响，那么经济学的研究方法就能够为其提供新的研究思路。

确定人工智能侵权责任具体承担中的责任形态和归责原则，均需要以法律为依据。综合学者们关于责任形态的研究来看，本书认为关于人工智能侵权责任形态问题已初步达成共识，即当前多数的人工智能侵权案件可依产品责任进行追责，并以替代责任作为补充。但是，人工智能的自主性，造成侵权事实与现有产品责任制度之间难以形成有效涵摄，需要重新构建符合人工智能特征的产品责任或适用人工智能的侵权责任制度框架。因此，经济学上关于产品责任制度的研究就能够为本书提供研究思路。此外，对归责原则的选择似乎也陷入矛盾中，以过错责任为归责原则，使用者对过错的举证难度极高，不利于实现公平目标；以严格责任为归责原则，会增加生产者成本，抑制创新，不利于实现效率目标。当前对于此问题的研究多是从法律框架内部出发，通过相关概念界定、寻求法理支持等方法，变通地尝试寻找规范内的可能途径来弥补责任规则与人工智能侵权事实之间的间隙，具有一定的主观性，导致诸位学者众说纷纭的局面。相比于法学研究方法，经济学可以从侵权责任制度对当事人行为激励出发，讨论不同归责原则的激励效果，并以经济效率为标准评价制度有效性，进行制度安排的调整或补充，更具客观性和全面性，这也是本书需要深入研究的问题。

学者们在讨论人工智能侵权责任的具体承担方式时，多与侵权责任的责任主体确认方式相联系，主要围绕损害赔偿的支付问题展开，比如支持赋予人工智能主体地位的学者在主张侵权损害赔偿由人工智能承担时，提及可通过建立人工智能赔偿基金以支付赔偿金。但是，由于人工智能侵权损害赔偿问题并非其研究的重点，故完整的、系统性的人工智能侵权损害赔偿研究成果并未形成。因此，探讨如何将补偿性损害赔偿和惩罚性损害赔偿两种不同的赔偿方式合理地应用到不同类型的人工智能侵权案件中，成为本书需要进一步努力完善的重点问题。

第三节　研究框架和方法

一　研究框架与主要内容

面对人工智能发展对侵权责任制度提出的新挑战以及法律制度的空白问题，本书将致力于对人工智能侵权责任制度框架展开法经济学的逻辑研究，试图从侵权责任制度对人工智能各相关主体行为激励以及事故损害的影响角度入手，讨论人工智能侵权责任制度与经济效率之间的关系，充实法经济学在人工智能侵权领域的理论探讨。具体的章节安排与框架结构如下。

第一章，人工智能侵权责任制度研究缘起与路径。阐释研究背景和研究意义；梳理分析相关研究文献，找到本书的研究空间；介绍研究框架和研究方法以及研究的创新之处。本书立足于人工智能发展过程中的现实制度需求，结合人工智能侵权特殊性，重点把握现有人工智能侵权责任制度研究成果以及传统侵权责任制度研究脉络。

第二章，人工智能侵权责任制度研究的理论依据。界定人工智能的内涵、人工智能侵权的概念和特征、人工智能侵权责任构成的特殊性是研究的起点；以马克思辩证唯物主义方法论和异化理论为指导，以科斯定理、波斯纳定理、效率理论、理性选择理论和汉德公式为借鉴，构建法经济学的理论分析框架，是对传统法学分析框架的突破，引入"交易成本""效率"等经济学概念，形成整体的、客观的研究体系。

第三章，人工智能侵权责任的构成要件认定分析。法学上，一般将损害、过错和因果关系作为判断行为人承担侵权责任的标准，称为责任构成要件。但由于人工智能侵权的特殊性，人工智能侵权责任的责任主体问题饱受争议，责任主体的选择也应成为承担人工智能侵权责任的必要条件之一。因此，本章通过对人工智能侵权责任构成要件的四个部分——责任主体、损害、因果关系和过错分别展开分析，以提出符合人工智能侵权特征规律的构成要件认定方法。

第四章，人工智能侵权责任的归责原则最优选择。侵权责任制度以归责原则为依据对行为人权利做出初始界定，是责任分配的根本依据，并能在事前为行为人提供预期进而影响其策略选择。因此，本章在传统事故责任模型基础上，构建事故风险由行为人注意水平和行为水平共同决定的人工智能侵权责任模型，考察不同归责原则对生产者生产、创新和预防决策以及对使用者使用和预防决策的影响，探究能够引导满足卡尔多—希克斯效率均衡的最优归责原则。

第五章，人工智能侵权的损害赔偿有效性。支付损害赔偿金是人工智能侵权责任承担实现的具体路径，本章通过对影响人工智能侵权赔偿激励效率的因素进行分析，证明应当以损害为基础确定赔偿数额，而且只有实现完全损害赔偿，才能够充分发挥侵权责任制度的激励效应。进一步，本章运用博弈模型证明惩罚性损害赔偿对解决特殊类型的人工智能侵权案件的有效性。

第六章，人工智能侵权风险规制的国际经验借鉴。当意识到构建与时俱进的人工智能侵权责任制度对化解人工智能侵权风险和增强国家竞争力具有必要性时，一些国家和地区迅速反应并展开对人工智能侵权风险规制的创新性尝试。本章对具有代表性的欧盟、美国和英国所采取的规范人工智能发展的具体措施进行梳理和归纳，既能对中国的人工智能侵权风险规制形成经验借鉴，又能准确把握国际趋势，避免形成"技术孤岛"局面。

第七章，构建中国人工智能侵权责任制度的建议。从中国首起"特斯拉自动驾驶"车祸致死案这一典型案例出发，通过分析案例中凸显出的法律问题，验证前文理论分析中构建人工智能侵权责任制度的必要性。基于法律实践中的制度需求，结合全书的研究结论以及国际相关经验借鉴，从强化顶层设计、制定法律规范、健全配套制度三个层面提出符合规律的中国人工智能侵权责任制度建构思路：明确以安全作为人工智能侵权责任制度的根本性目标，辅以伦理道德作为软性规制的基础性目标，在此前提下完成人工智能侵权责任制度安排的具体建构，包括责任主体、归责原则、损害赔偿机制等方面的规定，辅以创新人工智能监管制度、拓宽人工智能司法范围、推行人工智能损害分散机制等举措完善相关配套制度，以加强前瞻预防与约束引导的方式妥善应对人工智能发展带来的新风险、新挑战。

最后，结论部分是对以上分析和论证过程的归纳总结。

综上所述，本书在厘清有关概念、明确研究范围的基础上，围绕人工智能侵权责任制度框架的构建问题，从法经济学视角出发，在马克思主义理论指导下，运用经济学理论和研究方法，依次展开对侵权责任制度的不同组成部分"责任认定的先决条件（构成要件）——责任分配的根本依据（归责原则）——责任承担的具体路径（损害赔偿）"的分析，并将理论研究结果向现实转化，提出构建中国人工智能侵权责任制度的可行性思路。

二　研究方法

（1）规范分析方法。规范分析是以一定的价值判断为出发点，致力于评估法律制度及法律活动可能带来的影响，并提出一些判断标准，进而讨论如何实现该标准。本书假定规制人工智能侵权的法律资源是稀缺的，在人工智能法律资格问题的研究中，把立法和法律运行过程中的交易成本作为衡量配置人工智能法律资源的效率标准，进行制度选择；在对赔偿金的研究中，以威慑范围的宽泛程度作为效率衡量标准，比较以侵害人收益和受害人损害为基础的两种赔偿金确定方式的效率，实现法律资源的最优配置。不过，如果判断标准发生改变，不同制度安排之间的对比关系也可能不同，但不会对分析过程的逻辑造成影响。

（2）实证分析方法。一般来讲，经济学的实证分析方法是排除主观价值判断而对经济现象、经济活动及其发展趋势进行客观分析，法律的实证分析方法则是借用经济学范畴，保持客观中立的态度对法律制度进行研究，进而指出有效率的法律制度安排。本书主要采取的实证分析方法包括成本收益分析方法、理论假定和逻辑证明方法以及案例分析方法三种。

其一，成本收益分析作为经济学中一种常见的系统性分析方法，一般指理性人通过权衡某一行为可能的成本和收益后进行决策，在法律领域的应用也体现在对制度效率的评价上。本书提出了以汉德公式为基础的人工智能侵权过错认定标准，即运用汉德公式计算出一个可预期的注意水平，并将其确定为过错认定标准，该认定标准能够激励当事人实施有效的预防，这恰恰是行为人在成本收益分析后的决策结果。

其二，理论假定和逻辑证明方法具体指在事先设定的假设条件约束下，根据各变量间的函数关系建立理论模型，以预测法律规则对行为人决策的影响以及法律效果。本书在讨论人工智能侵权责任的归责原则问题时，从侵权责任制度和人工智能技术的演进和实践中抽象出主要的经济变量，建立起人工智能侵权责任模型，描述侵权责任制度的具体影响机制，并总结符合发展要求的一般规律。

其三，本书以自动驾驶汽车交通事故的典型案例为切入点，通过案例分析在人工智能侵权责任纠纷的司法实践中所暴露出的责任主体认定复杂、因果关系认定困难等与人工智能侵权责任制度研究相关的法律问题，验证本书理论分析中构建人工智能侵权责任制度的必要性，并进一步提出构建中国人工智能侵权责任制度的建议。

（3）博弈分析方法。制度既可以是博弈的规则，又可以是博弈的均衡，因而博弈分析方法在制度研究中贯穿始终。以对惩罚性损害赔偿的研究为例，人工智能侵权事故的双方主体的行为决策既受自身因素影响，又受对方决策的影响，比如侵害人是否选择实施侵权既要考虑侵权带来的成本和收益，也要考虑受害人是否会提起诉讼。因而，通过构建侵害双方当事人之间的博弈模型，说明惩罚性损害赔偿对事故行为人决策双向激励的有效性，为惩罚性损害赔偿在适用某些人工智能侵权案件问题上提供了理论依据。

第四节　研究的创新与不足

（一）研究的创新之处

本书从法经济学视角深入分析人工智能侵权责任制度，将人工智能与现有法律框架之间的关系做整合性思考，是关于人工智能规制理论研究和制度构建的一次大胆尝试。主要创新之处如下。

（1）研究视角的创新。在关于人工智能侵权责任问题的现有文献中，多数研究是基于法学视角对人工智能侵权责任问题展开分析，这样的研究也只是即时性地将某一特定形态的人工智能集中于最相匹配的法律领域进行思考以寻求解决路径，缺少横向的、综合的制度分析。本书以法经济学视角展开对人工智能侵权责任问题与现有法律框架之间关系的整合性思考，兼顾法学上的公平目标与经济学上的效率目标，探索符合人工智能发展规律及社会发展目标的侵权责任制度安排，为人工智能法律规制体系的建立提供理论依据。

（2）理论分析创新。在坚持马克思主义理论为指导的基础上，借鉴法经济学的相关理论，运用规范分析、实证分析和博弈分析相结合的研究方法，构建了以"责任界定——行为激励——制度选择"为逻辑脉络的人工智能侵权责任制度理论分析框架，并围绕人工智能侵权责任制度的三个重要组成部分即责任构成要件、责任归责原则和损害赔偿分别展开分析，回答"人工智能侵权是否构成"和"人工智能侵权责任如何分配"两个核心问题，对人工智能侵权责任制度的系统性研究进行了尝试。

（3）人工智能侵权主体认定创新。关于确定人工智能法律地位的研究中，从法学、法经济学和马克思主义经济学三个视角多维度地阐释不具备赋予人工智能法律主体资格的理论和现实条件，突破了现有研究中单一的分析路径，为人工智能侵权责任主体的认定提供有价值的参考结论。

（4）对传统法经济学研究中的一般侵权责任模型做了补充和丰富。在完全竞争市场的研究框架下，将人工智能侵权相关主体的生产、创新、预防和使用行为同时纳入人工智能侵权责任模型的行为人决策函数中，讨论责任分配方式对行为人决策的影响机制，证明实现侵权责任制度最优归责原则的充要条件并回答人工智能侵权责任制度选择问题，以有效发挥人工智能侵权责任制度的事前预防激励功能以及事后补偿和惩罚功能。

（二）研究的不足之处

由于对技术未来发展的预测能力有限以及相关实证数据缺少等问题的存在，目前关于人工智能法律规制问题的所有探讨都只是对人工智能风险的前瞻性思考，能否有效指导立法工作仍有待未来实践的检验。也正因为是对人工智能未来发展的前瞻性思考，本书研究更多地立足于理论层面，对事实检验方面的实证分析着墨不多，有待未来进一步完善。

第二章　人工智能侵权责任制度研究的理论依据

第一节　人工智能及侵权责任相关问题界定

随着人工智能技术的不断进步，在合法合理应用人工智能的同时，也难免发生涉及人工智能的侵权案件。此时，人工智能就不可避免地与侵权责任制度产生联系，需要侵权责任制度进行有效规制。但是，在讨论人工智能与侵权责任制度的关系之前，需要对社会中已经或可能出现的与人工智能实体相关联的侵权现象有明确的认识。人工智能的具体概念如何，用何种术语指称与人工智能实体相关的侵权现象、人工智能的基本内涵和外延是什么、人工智能具备怎样的特殊性等问题都是全面认识此类侵权行为、划分侵权责任需要关注的问题。

一　人工智能内涵界定

将"人工智能"划分为两部分来对其概念进行解析。一是"智能"，智能的概念总是与一些知识、记忆、学习、推理相联系。马库斯·胡特和谢恩·莱格将"智能"定义为用来衡量个体在一系列纷繁复杂的环境中实现目标的整体能力，它在人工智能中占据主导地位（集智俱乐部，2015）。二是人工，即机器，强调"智能"将以机器或者软件为载体来表现。通过这种拆分的定义能够以较为简洁的方式对人工智能的概念加以解释，但追根溯源，人工智能领域最早的定义是在达特茅斯会议上由享有"人工智能之父"之称的约翰·麦卡锡提出的，他开宗明义："研究是建立在这样的猜想基础之上，即原则上人类学习的任一方面或智能的任一特征均能够被准确描述并可以由机器进行模拟。"麦卡锡定义的人工智能的范围是宽泛的，不论是学习的方面还是智能的特征，原则上只要能够被精确地描述出来，人工智能就有可能对其进行模拟。不过，当下学术界尚未就人工智能的定义达成一致，各定义之间相互联系、互为补充。

根据人工智能的技术发展水平以及独立于人类的程度，可以将其划分为弱人工智能、强人工智能以及超人工智能三类。弱人工智能（Artificial Narrow Intelligence），也被称为应用人工智能，特指只能在特定领域解决某一特定问题的人工智能。弱人工智能只是能够简单执行人类交予它的任务，具有工具性质，比如天猫精灵智能语音助手，或是战胜围棋冠军的人工智能 AlphaGo 都属于弱人工智能，因为它们只能在特定领域执行命令，当前技术所能够实现的都属于弱人工智能。强人工智能（Artificial General Intelligence），又称通用人工智能，指的是能够实现人类所拥有的所有认知能力，能够自主思考自己的目标并制定解决问题的最优方案，胜任各种复杂工作的人工智能。基于强人工智能设计的产品具备学习能力、思考能力、计划能力、判断能力等与人类相同或相似的能力，可以在各方面与人类比肩，替代人类开展工作。超人工智能（Artificial Super Intelligence），指具备十分完善的自我意识，并且能够在几乎所有领域都具备远超过人类认知表现的一切智力的人工智能，包括科学创新能力、社交能力等。实现超人工智能的机器人不但具备自然智能，还可以对自身进行不断地重组编程改进，达到不断自我进化和优化的目的。

从人工智能的研究路径角度来看，由于人工智能的研究一方面注重思维推理，另一方面强调行为，即人工智能的核心在于"思维"

和"行动"，因此众多学者围绕"思维"与"行动"这两个维度，在"像人一样"与"理性"之间展开各自的研究。若在一个坐标系中，以"思维"和"行动"作为横轴两端，以"像人一样"和"理性"作为纵轴两端，可以进一步将人工智能的定义划分为四类。

具体来看：实现机器能够"像人一样思考"的前提是了解人类究竟如何思考，因此将来自人工智能的计算机模型与来自心理学的实验技术相结合来尝试用计算机程序构建人类思维理论，此时的人工智能就是"有头脑的机器"（Haugeland，1978），可以被认为是与人类思维相关的活动，例如决策、求解、学习等活动的自动化（Bellman，1978）。图灵（1950）通过"图灵测试"提出了关于"智能"的定义，认为如果机器能够通过电传设备与人类展开对话而不被辨别出其机器身份的话，就可以认定该机器具备智能。在这一背景下，"像人一样行动"的人工智能就需要具备自然语言处理、自动推理、知识表示、机器学习、计算机视觉等能力，能够使计算机做那些目前人比计算机更为擅长的事情（Rich and Knight，1991）。逻辑主义流派通过机器"理性地思考"来定义人工智能，主张通过严格逻辑的思维法则来构建智能程序。虽然亚里士多德的"三段论"为在给定正确前提下产生正确结论的论证结构提供了实践模式，但由于形式化描述难度大、问题复杂程度高，这一研究路径变得困难。一般认为机器的智能由行动来表现，而执行行动的某样东西被称为"Agent"，它既能够通过摄像头等传感器来感知周围环境，又能够通过执行器对环境做出反应行动。将人工智能定义为机器"理性地行动"结合了图灵派和逻辑主义流派定义的优点，重点关注为了实现最佳结果而行动的 Agent 的设计，如何使机器"理性地行动"是当前人工智能研究的核心和主要方向。

无论是从独立于人类的程度，还是从研究路径来看，本书所研究的人工智能都是指以自然智能为原型、由人类制造的机器的智能，它最突出的特点是虽以机器形态存在，但在相当高的程度上或完全具备自己的意志，能够独立自主地思考与决策，是对人类智能的模拟、延伸或扩展。

二　人工智能侵权

从侵权责任法角度来看，"人工智能侵权"并非法定的概念术语，而是对社会生产生活中出现的与人工智能相关的侵权现象的抽象概括。一般来讲，人工智能侵权可以被概括为两种类型：一类是人工智能在侵权行为中仅扮演辅助性工具的角色，比如乘坐人在自动驾驶车辆行进过程中主动调整方向盘导致事故发生；另一类是人工智能可能已经具备独立的意识，自主决定并实施侵权行为，比如机器人在未接受任何指令的情况下做出伤害他人的行为。虽然人工智能侵权案件涉及两种截然不同的类型，但基于表达的简洁性与用法习惯的延续性，统称其为人工智能侵权，这是广义上的概念。但是，一概采用人工智能侵权的广义概念并不妥当，将其分别称为"人类使用人工智能技术工具实施的侵权行为"以及"人工智能实体自主决定实施的侵权行为"则更为准确。原因在于，前者是人类把人工智能视为技术工具并通过这样的媒介实施侵权，该侵权行为的本质依然是由人类主导的，人工智能在其中发挥的仅仅是工具的效用，这与侵权责任制度中传统的侵权行为具有明显的一致性和重合性。此时，人类使用人工智能技术造成的侵权行为，既是人工智能侵权这一概念的外延对象，又是传统侵权这一概念的外延对象。但是，广义上的人工智能侵权与传统侵权之间的重合，并不有利于侵权责任类型的次级划分。为了能够更加有效地将人工智能侵权与传统侵权相区别，突出人工智能侵权与传统侵权之间明显的特征差异，需要通过构建狭义的人工智能侵权概念，满足侵权责任类型的次级划分，进而更好地区分人工智能侵权与传统侵权。

从狭义的角度来讲，人工智能侵权是指由人工智能实体自主决策的侵犯他人人身、财产或精神的行为。那么，通过人工智能侵权狭义的定义，能够将人工智能实体自主实施的侵权明确划定为人工智能侵权，并将人类使用人工智能技术工具造成的侵权归为传统侵权，本书的研究重点聚焦于狭义的人工智能侵权范畴。其实，无论是传统侵权，还是狭义的人工智能侵权，在法律现象下更本质的因素都是经济利益关系。侵权的本质是权利的非自愿转让，即在高昂的交易成本下，当事人被迫就权利使用和侵权行为人（包括自然人和人工智能）进行交易，导致受害人权利被侵权行为人强制使用。值得注意的是，虽然有学者曾指出在劳动法尚未做出合理调整的情况下，人工智能在一定程度上影响了劳动者劳动权的实现，如就业权、劳动报酬权等（王楠，2020）。但是，本书将所研究的人工智能侵权问题中的权利界定为民事权益范围，具体指诸如健康权、隐私权等人身、财产权益，而不考察人工智能对劳动权的侵犯问题。

三 人工智能侵权特征界定

在全面认识人工智能侵权时，既要明晰它的概念，也要了解它的特征。结合人工智能技术特点，本书将人工智能侵权的基本特征归纳如下。

1. 自主性

人工智能侵权与其他侵权的最大区别在于人工智能技术所表达的高度自主性，具有拟人化特征。当人工智能技术达到能够模拟人脑思维，拥有推理、记忆、理解、学习和计划等类自然智能的机器智能时，它便能够做到思考自己的目标并进行决策，甚至拥有与人类智慧和自我意识能力不相上下的机器智能（马长山，2018）。此时，这种拟人化的技术令人工智能侵权与人类侵权变得极为接近，而且相较于传统的一般侵权也具有明显的自主性。那么，人工智能侵权问题与传统的侵权责任制度之间就无法形成有效涵摄。

2. 人机交互性

人工智能实体与其他实体相区别的另一个特征在于人机互动性。这种互动性体现在两个方面：一方面，供人工智能深度学习的大数据来源于人类的经验数据积累，那么在人工智能的价值判断过程中就会受到数据背后隐藏的价值观念影响，进而将这种逻辑偏见又反作用在人类身上。另一方面，人工智能的人机互动也能够体现在具体活动过程中，既包括合法活动，也包括违法活动。因此，从原理到应用过程都能够体现人工智能与人类的互动，使人工智能侵权具有显著的人机交互特点，就需要谨慎考虑人工智能侵权中人类发挥的作用。

3. 广泛性

人工智能具备多主体协同、开放式支撑的技术特征，因此在实际的生产运行过程中涉及多方主体，如硬件生产者、软件提供者、系统运行维护者、基础数据提供者、网络入侵者等多方都会广泛地参与其中，这种产业之间的关联性也在日益加强。不但如此，依托于庞大的数据和复杂的算法，人工智能技术也重构了人类的生产生活方式，在农业、医疗、交通、教育等多个领域逐步占据重要地位，帮助人类完成很多传统人力难以负担的任务。随着人工智能技术应用范围的拓展，人工智能侵权事件的发生也变得更加普遍和日常，成为社会发展中亟须解决的问题。

四　人工智能侵权责任构成特殊性界定

人工智能侵权具备区别于其他传统侵权的自主性、人机交互性和广泛性特征，因而在侵权责任认定过程中也较传统侵权情况更为复杂和特殊，具体表现在责任主体认定、主观过错认定、因果关系认定等方面。结合人工智能侵权的特征，下面对人工智能侵权责任构成的特殊性进行剖析，有针对性地讨论人工智能侵权责任划分及承担等相关问题。

1. 责任主体认定复杂

在侵权责任制度框架下，侵权人包括行为主体和责任主体。其中，行为主体指的是实施侵权行为的人，责任主体则是指承担侵权责任的人，二者在多数情况下为同一人，但是由于现行法律将侵权责任主体局限在民事主体范围内，因此在尚未赋予人工智能法律人格的情况下，人工智能侵权的行为主体和责任主体是相互分离的。目前，人工智能侵权的法律责任一般按照产品责任规则进行处理（刘云，2021）。

在侵权责任制度的规制下，人工智能造成他人损害的情形是多样的，与之相对应的责任主体也是不同的，具体可简单归为四类：人工智能开发者在算法编程过程中存在偏差，导致在系统错误地运行过程中对他人造成损害，此时，开发者应当作为侵权责任主体承担人工智能侵权责任；在人工智能的生产过程中，由生产者失误造成产品缺陷致人损害的，可以适用传统产品责任规制下由生产者和销售者作为责任主体的规定；人工智能的开发、生产过程中均无过失，而由于人工智能的操控者或使用者用法不当导致权利被侵害，可以将操控者或使用者认定为责任主体；在人工智能开发、生产、运行使用阶段均无过错，因人工智能的自主性失误或其他无法解释的原因造成的侵权责任，需要谨慎考虑是否赋予人工智能以法律主体地位来承担责任，并妥善界定责任以保障人工智能行业的创新性和规范性。

虽然上述四类情形基本涵盖了侵权责任规制下的人工智能侵权责任主体认定问题，但在实际情况中，由于人工智能在运行过程中涉及多方主体，而且人工智能也在不断自我优化，责任主体认定问题十分复杂，传统的产品责任制度难以妥当解决人工智能侵权案件。

2. 主观过错辨别困难

《中华人民共和国民法典》"侵权责任"编中规定了过错责任与无过错责任两种主要归责原则，其中，适用过错责任原则的关键之一在于需要以行为人存在主观过错为责任判定依据。[①]"主观过错"这一认定标准看似明确，但容易受到人工智能的冲击。

首先，在人工智能具备自主意识之前，讨论作为产品或工具的人工智能是否具备主观过错是毫无意义的。其次，在人工智能技术由弱人工智能迈向强人工智能的阶段，人工智能的自主性已经凸显，可以基于算法和原始设定程序开展独立活动，同时人类的干预程度也在进一步降低。在这种背景下，人工智能本身所拥有的风险性和不确定性既令使用者的主观过错变得模糊，难以辨别，又使以何种标准来认定使用者存在主观过错变得不确定，甚至自相矛盾。考虑这样一种情况，假定使用者在明知已有的人工智能操作手册具有重大安全隐患的前提下，仍旧按手册指示进行操作，造成损害发生，那么是否可以认定使用者违反了注意义务，进而推定其主观上存在过错？若依据信赖原则，将认定使用者没有违反注意义务，主观过错不成立，不能对其追责；若从结果回避可能性考虑，将认定其违反注意义务，主观过错成立，可以对其追责。

3. 因果关系认定困难

在侵权责任的认定中，不论是以过错责任原则还是以严格责任原则为判断依据，都需要证明损害的具体行为与受害人权益受损结果之间存在因果关系。

一方面，因为人工智能技术本身具备自主性和风险性，即使在严格遵循操作手册合法合理使用时，也可能会造成一定的损害结果，这是人工智能的使用者、研发者和生产者都无法事先预见的。因此，在人工智能侵权案件中，各行为主体的行为与损害结果之间的因果

---

① 通过比较《中华人民共和国民法典》第一千一百六十五条"行为人因过错侵害他人民事权益造成损害的，应当承担侵权责任。依照法律规定推定行为人有过错，其不能证明自己没有过错的，应当承担侵权责任"（即过错责任原则）和《中华人民共和国民法典》第一千一百六十六条"行为人造成他人民事权益损害，不论行为人有无过错，法律规定应当承担侵权责任的，依照其规定"（即无过错责任原则）可得此结论。

关系判断变得复杂化，难以确定这种损害究竟是由使用者过失造成的，还是由人工智能技术缺陷或失误等自身风险造成的，这种因果关系的认定难度会随着人工智能技术水平的提高而增加。

以自动驾驶汽车事故为例，在此类侵权案件中，一个很重要的证据就是记录事故发生时驾驶模式、车速、油门和刹车开合度等信息的"黑匣子"，即便在事故发生后，黑匣子所记录的相关数据能够被公开，但受技术水平所限，当事人可能仍无法理解人工智能内部的决策逻辑，也就无法简单地将损害结果归咎于技术缺陷，进而会依据产品责任维护其合法权益。而且，在产品责任框架下，根据"谁主张谁举证"的举证规则，受害人如果提出人工智能产品侵权的主张，就必须通过举证来证明产品缺陷且缺陷与其权益受损之间的因果关系成立。在一例"平衡车侵权案"［案号为（2017）京 0108 民初 43084 号］中，受害人安某因未明确指出并提举相应证据证明被告小米公司所售平衡车存在何种产品缺陷导致其受到伤害，故法院对其赔偿主张不予支持。在实践中可以发现，虽然《中华人民共和国产品质量法》中规定了产品缺陷认定标准①，但相关部门尚未制定出关于人工智能产品质量的国家标准或行业标准以供参考，而且人工智能产品表现出极为专业和复杂的技术特征，普通人在不具备专业知识的条件下更加难以完成举证要求以获得补偿。

另一方面，致人损害的侵权行为发生的诱因可能并非只有一种，且各诱因带来的影响大小也各有不同，这种存在多个侵权主体的情况进一步加大了确定因果关系和取证的难度，使后续的侵权责任分配和承担难以为继。总之，人工智能侵权案件发生后，无法轻易追溯和解释事故发生原因，而且不论是对生产者、研发者一方而言，还是对使用者、操纵者一方而言，因果关系的举证都存在一

---

① 《中华人民共和国产品质量法》第四十六条："本法所称缺陷，是指产品存在危及人身、他人财产安全的不合理的危险；产品有保障人体健康和人身、财产安全的国家标准、行业标准的，是指不符合该标准。"

定的障碍，现有的归责理论也难以清晰地对以上问题做出合理解答，这些都是实践所遭遇的困境，需要进一步完善侵权责任制度来妥善解决。

第二节　马克思主义的相关理论

马克思（《马克思恩格斯全集》第 4 卷，1958）曾这样定义民法："民法不过是所有制发展的一定阶段，即生产发展的一定阶段的表现。"这意味着，当社会生产力发展至一定阶段时，会有相应的交换与消费形式出现，当处于生产、交换和消费的一定阶段时，会有相应的制度安排形成。也就是说，马克思（2018）认为法"不过是生产的一些特殊的方式，并且受生产的普遍规律的支配"。因而，研究属于民法领域的侵权责任制度也应深入现有客观关系以及具体社会条件中，才能更好地理解"一定的现象必然由当时存在的关系所引起"这一事实。当社会生产力随着人工智能的应用而不断提高的时候，就会出现新的交换形式，由于人工智能侵权行为本质上也是一种特定的利益"被迫"交换形式，也需要运用法律规范调整机制将此类行为统摄到一个有机协调的运行轨道上来，即建立人工智能侵权责任制度，以适应人工智能背景下社会经济生活的客观要求。

马克思主义法学思想作为马克思主义理论体系中的组成部分之一，关于侵权责任制度的相关思考和认识主要围绕辩证唯物主义方法论和异化理论为基础展开，二者对于深入理解人工智能侵权责任制度问题同样具有指导性作用。

一　辩证唯物方法论

辩证唯物主义理论体系主要包括三个基本原理。第一个是最为核心和基本的世界的物质统一性原理，恩格斯（《马克思恩格斯选集》第 3 卷，2012）对此解释道："世界的真正的统一性在于它的物质性，而这种物质性不是由魔术师的三两句话所证明的，而是由哲学和自然科学的长期的和持续的发展所证明的。"第二个是事物的矛盾运动原理，作为研究和解决问题的方法论基础，主要是依托对立统一规律、质量互变规律和否定之否定规律来阐释事物的本质和规律。第三个是作为实践论基础的认识的能动反应原理，具体从认识的实践基础、认识的辩证运动、检验认识的真理性标准以及真理与价值的统一这些角度来揭示认识世界、改造世界的基本规律（孙正聿，2019）。

马克思主义哲学中的辩证唯物主义方法论，同样是认识和研究人工智能侵权和人工智能侵权责任制度的方法论。其一，遵循世界物质统一性原理，就要立足于客观实际展开人工智能相关问题的研究，包括人工智能侵权的新特征、当前侵权责任制度的现状等方面都是客观实际的体现。其二，若以辩证思维来看待人工智能技术，能够清晰认识到人工智能本身对经济增长的促进效应与其潜在的侵权责任风险是对立统一的，对经济增长的促进效应能够提升福利水平，而潜在的侵权风险又会降低福利水平，二者共同构成一个整体。当准确把握这种对立统一关系时，就能够正确看待伴随人工智能发展的潜在性风险不可回避这一事实，并从客观实际出发，积极采取法律政策规制、安全性技术创新等措施以尽可能降低相关风险。其三，与马克思对政治经济学的研究是从资本主义商品经济的纷繁复杂的经济现象中找出其内部联系和本质关系后，形成一系列资本主义商品经济概念和范畴的分析路径一样，需要将唯物主义与辩证法结合，才能够从现象上升到对事物的本质认识，达到正确认识客观世界的目的。所以，在理解人工智能侵权责任制度时，不能仅从现象上认识侵权责任制度的威慑和遏制作用，还要从本质上了解人工智能侵权责任制度对相关主体行为的激励作用，形成科学的认识和思考，才能以正确的认识推动正确的实践。而且，这种辩证思维能力能够帮助提高处理复杂问题的效率，在权衡和比较不同制度安排时能够做出最为有利的制度选择。

二　异化理论

马克思（2018）在《1844年经济学哲学手稿》中创造性地提出"异化劳动"这一范畴，将哲学、政治经济学和共产主义有机结合起来，并通过对"异化劳动"的四重内涵的阐释揭露了私有财产的本质与根源。马克思（2018）从资本主义的经济事实出发，从社会生产和生活中的异化现象中总结出"异化劳动"的第一个规定："劳动所生产的对象，即劳动的产品，作为一种异己的存在物，作为不依赖于生产者的力量，同劳动相对立。"第一个规定是对工人劳动结果异化的考察。而从工人与劳动行为之间的异化关系来看，本应是人类获得自由快乐的劳动成为雇用工人谋生的手段，使劳动脱离其本身，且劳动者被自身劳动束缚，这是马克思对"异化劳动"的第二个规定，即自我异化。可见，劳动异化的结果既导致物的异化，又导致自我异化，顺应该逻辑，马克思进一步提出关于"异化劳动"的第三个规定，人的类本质与人之间的异化，包括自然界和人的精神的类能力同人相异化，即人的本质异化。在经济事实分析过程中得到的关于"异化劳动"的三个规定的基础上，马克思归纳总结出第四个规定：人与他人之间相异化。

马克思（2018）从外化的人、异化劳动、异化的生命、异化的人概念中得出私有财产"一方面是外化劳动的产物，另一方面又是劳动借以外化的手段"，属于经济学范畴，而私有权则是私有财产的法权表现，属于法学范畴。而人工智能侵权问题所涉及的权利中包含私有权，是对私有财产的侵犯或损害。另外，马克思的异化理论对于理解人工智能诸多发展问题具有参考价值。比如，物的异化能够清晰地解释对人工智能技术应用施以政策引导和控制的必要性，也有助于准确把握人工智能时代的社会关系变化趋势，并提前做好应对措施。

第三节　法经济学的相关理论

一　科斯定理

科斯在探究企业在专业化交换经济中出现的根本原因时，创造性地提出了"交易成本"的概念，并在《联邦通讯委员会》和《社会成本问题》中阐释了制度、权利界定与资源配置的深刻联系，以施蒂格勒为代表的学者们对科斯的核心观点进行提炼，并归纳成"科斯定理"。

科斯第一定理，即实证的科斯定理，是指在交易成本为零的前提下，无论权利初始分配如何，都能够以自由交易的方式实现资源最优配置，无关于法律规定。也就是说，在零交易成本的世界中，不管法律制度是否存在或是如何存在，只要市场交易是自由的，那么总会实现资源配置效率最大化的结果，这是因为在权利交易过程中，由权利界定的最初局面向新的权利结构转变过程中不存在阻碍性因素，因而即使初始制度安排存在外部性，也能够通过无代价的市场机制自我纠正。

科斯第二定理，即规范的科斯定理，指在交易成本为正的前提下，对于权利的初始界定来说，不同方式会显著影响最终的资源配置结果。这就意味着，当权利初始界定无法经由零成本的市场交易途径实现向最佳状态的转化时，制度安排将在决定资源配置中发挥着关键性作用。相较于科斯第一定理，科斯第二定理是更加具有现实性的理论观点。

科斯第三定理，指在正交易成本的条件下，通过明确分配已界定权利所获得的福利改善，可能比私人之间通过交易所获得的福利改进更有效率。也就是说，当交易成本存在时，政府干预和相关法律制度都可能成为解决外部性问题的一种更有效的途径。这是基于科斯第二定理的内涵所指出的具体权利调整路径，即选择企业组织或者政府管制的方式来代替市场交易（约瑟夫·费尔德、李政军，2002）。

人工智能侵权与普通侵权，在本质上都是一种受害人被迫让渡权利从而发生的"交易"，与自愿协商不同的是，高昂交易成本的存在，阻碍了人工智能侵权行为的外部成本通过侵害人与潜在受害人事先协商的方式加以内部化。因此，相应的责任和义务由侵权法强制规定比行为人的自我约定更具效率，这符合科斯定理，也肯定了人工智能侵权责任制度存在的经济意义。同时，在侵权法上的产权界定，与其他法律有所不同，是对责任的界定，若要求侵害人承担责任，表明产权界定给受害人；反之，若侵害人无须承担责任，则产权界定给侵害人。那么，侵权法依照什么原则进行产权的初始界定是有效的？科斯定理同样回答了这个问题，应当将产权界定给能够有利于实现社会资源最大产值的一方，以尽量减少不必要的后续调整及由此造成的资源浪费（Coase，1960）。在侵权法中，实现社会资源最大产值等价于促成由侵权行为造成的社会成本最小化，这也是在后文分析人工智能侵权归责原则问题时所依据的核心准则和价值目标，这一思想在波斯纳定理中也有所体现。

二　波斯纳定理

波斯纳（1997）基于法学视角将私人协议中关于权利安排的一般性准则总结概括为"波斯纳定理"，其内容主要是：假如因过于昂贵的交易成本而导致交易被抑制，则权利就应当被赋予最珍惜它们的人。一般认为，波斯纳是基于三个主要的假设条件展开他独特的法律的经济分析路径的，分别是：行为人是根据特定法律条件下所展开的成本收益分析来进一步进行行为决策，各个当事主体对某些权利的不同估值是促成交易背后的驱动力；在法律制度的具体运行过程中会使各个当事主体产生相应的成本与收益，因此可以通过最大化、均衡和效率对法律行为进行评价；清晰地界定财产权利能够降低交易成本。合理的人工智能侵权责任制度降低了受害人向侵害人让渡权利的成本，等同于将资源进一步从使用效率低者手中向效率高者手中转移，能够提升经济效率。

另外，作为波斯纳定理的推论或对偶形式，也可将其称为"对偶的波斯纳定理"。该定理指出关于责任划分的一般准则：从法律层面看，应当将事故责任归咎于只需要投入最低成本就可避免事故发生却未采取该措施的当事主体。该推论也为后文侵权责任制度的构建提供了简洁的指导准则，特别是在关于合理注意水平的认定上。在侵权事故中，若一方当事人本可以花费更少的预防成本来降低事故发生的可能，比如人工智能使用者使用前阅读使用说明，或生产者提供更详尽的说明，而其并没有这样做时，可以认为其行为具有过错，需要承担由此造成的侵权事故损失。

波斯纳定理充分体现出波斯纳的"公平"观念是以"效率"作为出发点和落脚点。具体来看，定理的实质是在权利和义务的划分上，需要满足"比较优势原理"。由于各方主体在财产数量、信息掌握程度、风险偏好以及决策能力等方面存在差异，而这些差异也在限制和影响着权力运作成本，所以，把权利和义务界定给最有能力"胜任"的人，符合权利安排的效率标准。

三 效率理论

经济学关注的核心问题在于如何实现对稀缺资源的有效配置，效率就成为一个广泛应用的概念。从法经济学的角度来看，效率理论主要包含帕累托效率标准和卡尔多—希克斯效率标准，其中，帕累托效率标准是经济效率概念的核心和基础（毕泗锋，2008）。

（1）帕累托效率标准

意大利经济学家帕累托创造性地提出一种决定社会福利最大化

的概念，被概括为帕累托效率标准。根据《新帕尔格雷夫经济学大辞典》中的解释，帕累托效率标准指的是"对于某种经济的资源配置，如果不存在其他生产上可行的配置，使得该经济中的所有个人至少和他们在初始时情况一样良好，而且至少有一个人的情况比初始时严格地更好，那么这个资源配置就是最优的。"帕累托效率要求在成本和收益上是没有损失的，假定损害成本为 C，收益为 P，则帕累托效率的条件为 $P > 0$ 且 $C = 0$。简单来讲，当资源配置达到某种状态，无法在不损害他人的前提下再使至少一人得到好处时，达到效率标准。此时，资源配置就达到帕累托最优状态，可以获得最大值的经济剩余。相应地，在资源配置未能实现最优时，表明了重新配置资源可能会提高效率，如果在资源重新配置后，至少令一人得到更多利益而不造成他人受损，则该变动是有效率的，同时这种经济状况的改善也被称为帕累托改进。帕累托最优的前提是假设每位社会成员的权利都是一致的，如果以损害某人权益为前提来使他人获益绝不是帕累托最优，而且帕累托最优状态下的资源配置状况取决于每位社会成员所拥有的初始资源，初始资源差异的存在将导致最终富裕程度的差异。

（2）卡尔多—希克斯效率标准

卡尔多—希克斯效率指在经过某种变动后产生的结果中所取得的好处可以完全补偿受损者损失，即第三人花费的总成本不大于交易的总收益，则该变动是有效率的，这种被动性的财富转移结果就满足了卡尔多—希克斯效率。卡尔多—希克斯效率的要求较帕累托效率更为宽松，要求单方面受益但另一方可以受损，前提是收益需要大于损害成本。同样假定损害成本为 C，收益为 P，则卡尔多—希克斯效率标准的条件是 $P - C > 0$。原则上，获益者在补偿受损者后依然有剩余才达到效率，这是成本收益分析的本质。

卡尔多在《经济学福利命题与个人之间的效用比较》一文中，确认了一种社会福利的检验标准——"虚拟的补偿原则"。卡尔多指出，市场价格的经常性变动会引起人们福利水平的变动，造成一些人福利降低，而另一些人福利提高，但是如果总体收益大于总体损害的话，表明社会总福利提高。卡尔多补偿原则指的是一种虚拟的、想象的补偿，而非由获益者对受损者予以真实的补偿，因此，希克斯进一步充实和完善了卡尔多的标准。希克斯认为，应当基于长期视角展开对社会福利标准的判断，如果某项公共措施或法律规则在经历较长的时间跨度后可以使生产效率得到提升，即便短期内一些人会因变动而受损，不过长期社会生产率的提高能够"自然而然地"改善全社会每个人的境遇，也就是对受损人群进行了补偿。由此可见，希克斯所主张的是一种"长期自然的补偿原则"。

一方面，帕累托效率标准要求任何人不得受损，否则改变就无法进行；而卡尔多—希克斯效率标准只要求社会整体收益提高，改变就可以发生，则只需要考虑补偿的问题，后者的适用范围更加广泛。另一方面，与市场交易不同，侵权行为是侵害人以牺牲受害人福利水平为代价提高自身福利水平，一般不具有合作产生"双赢"而增加社会福利的效果，更多的是降低社会福利。由此，如果一项侵权责任制度可以通过事前对事故双方预防行为的激励，以及事后对侵权人是否应进行赔偿和赔偿额度的认定，最大限度地降低由侵权带来的社会福利损失，也就变相实现了社会福利的最大化，满足了卡尔多—希克斯效率标准。因而，本书在构建人工智能侵权责任模型时，将制度目标设定为实现人工智能侵权行为的社会成本最小化，并将依照此目标来探寻有效率的人工智能侵权责任制度，也就是围绕卡尔多—希克斯效率标准展开制度效率分析。

四 理性选择理论

从经济学角度而言，理性选择理论可被视为实现自我利益最大化理性假设的一种规范化表达，与常用的"经济人"假设异曲同工。

理性选择理论的基本思想可以概括为：经济行为人在拥有完全且有序的偏好、完备的信息以及足够的计算能力与记忆能力的前提下，可以实现对各种行为方案之间成本与收益的比较，并在其中做出净收益最大化的行为决策结果（魏建，2002）。进一步地，如果将理性选择理论的基本思想展开来看，可以发现该理论建立在四个前提之上，分别是：①行为人追求自身利益最大化；②在某一特定情形中行为人可以在某些不同的行为策略中进行选择；③行为人相信不同的行为选择会产生不同的后果；④行为人在个人主观层面对不同的决策后果秉持不同的偏好排序。理性行为人偏好最优策略选择，希望以最小代价获取最大收益，进而达到自身效用最大化的目标，这就是理性选择（丘海雄、张应祥，1998）。

理性选择理论中的"理性"一词是一个多层次且不断外延的概念体系（魏建，2002）。首先，纯粹的形式理性作为概念的核心，是从最宽泛的层面上理解理性选择。在这种理性之下关注的重点仅在于人是其目的的理性最大化者，而不详细阐述最大化的目的为何，也不具体解释实现手段如何。其次，更高层级的理性含义是指预期效用理论，也是最为学者接受的观点，明确视决策者的效用为追求目标，并且为实现预期效用最大化，行为人需要对各种行为选择展开成本收益分析，通过比较不同行为的预期效用与付出成本的数量关系判断和寻找最大化的行为决策。再次，自我利益最大化理论进一步将决策者的目标设为自我利益的实现，认为只要行为人的行为对自身有利即为理性的行为，反之对自身不利而依然做此行为决策则为非理性的行为。那么，在这一层次的含义之下，法律制度的制定就是通过作用于行为人自身利益而实现调整行为人行为的目标。最后，对理性选择最为狭义的理解就是将目标局限于货币化收益之上的财富最大化理论，强调决策目的在于追求货币数量的最大化。虽然货币收益的比较能够避免效用比较的困难，但也限制了该理论的适用范围，一旦超出市场范围就无法通过货币进行计算和比较，理论也就失去了意义。

对人工智能侵权责任制度的法经济学分析就是将理性选择理论融合到侵权法领域所建立的关于侵权责任制度的形成以及在既定制度安排下行为人决策进行分析的一种范式。在所构建的人工智能侵权责任模型中，侵权责任归责原则和交易价格都时刻约束着行为人的决策，影响其包括使用、创新、预防等行为产出结果，由此通过类比的方式，使侵权责任制度约束下行为人具有与经济行为人相同的行为决策方式，各行为人都将在依照已有的"价格体系"进行成本收益分析后做出相应决策。同时，人工智能侵权责任制度的具体制度安排也是行为人不同行为选择的"隐形价格体系"，以人工智能使用者为例，其在侵权责任制度的规制和激励下，会对采取不同注意水平所带来的结果形成预期，并根据预期结果选择有利于实现自身效用最大化的行为水平，而并非只对人工智能市场价格有所反应。如此看来，在侵权责任制度约束下的行为决策与市场价格约束下的产出决策具有类似的机制，所以，构建事故风险由行为人注意水平和行为水平决定的人工智能侵权责任模型，使人工智能侵权事故主体的行为后果在事前进入双方的决策函数来分析归责原则，是符合经济学规律和研究范式的。

五　汉德公式

汉德公式由美国著名法官汉德在"卡洛尔案"中正式提出，被波斯纳称为"过失的经济含义"。卡洛尔案指的是1947年美国政府诉卡洛尔拖船公司一案，案件经过如下：纽约港旁停靠着载满货物的驳船，该驳船的所有者选择向卡洛尔拖船公司租赁拖船以将该艘驳船送至港口，当拖船到达位置后发觉没有船员在驳船上，于是拖船工人自己动手去调整缆绳。但由于卡洛尔拖船公司工人缆绳拴系不牢固，某驳船在脱锚漂出海岸并意外撞上一艘油船，该驳船被撞坏后未被发现，最终沉没。同时沉没的还有装在驳船上的美国政府的面粉，因此美国政府起诉卡洛尔拖船公司，要求该公司赔偿该驳船及船上的全部面粉。其中，案件审理的核心聚焦于当时驳船上没有任何船员值守的情况，是否可以认定该船的船主存在过失，进而减少卡洛尔公司应承担的赔偿责任。

针对这一案件，法官汉德在判决过程中总结了驳船一方防止损害发生责任的三个决定性变量，分别是驳船缆绳断裂的可能性、断裂后可能带来的损害结果以及船主采取预防手段花费的费用。若假定造成有关损害的概率为 P，造成的损害结果为 L，采取足够预防措施给当事人带来的费用负担为 B 的话，驳船主是否具有过失就取决于 B 与 PL 之间大小的比较。当 $B < PL$ 时，即潜在的致害人预防未来事故发生所付出的成本小于预期事故发生概率与预期事故损害乘积的时候，致害人负有侵权过失，需要承担相应的侵权责任，这就是汉德公式的基本内容。

汉德公式既适用于解决传统侵权问题，也适用于应对人工智能侵权问题。首先，汉德公式最主要的应用在于分析过错责任原则下行为人是否具有过错，如果行为人采取某预防措施的收益将大于付出的成本，即 $B < PL$ 时，但其没有进行预防即构成过错，人工智能侵权中关于过错的认定也是如此。其次，汉德公式也可以计算出人工智能侵权当事人的有效注意水平，有效注意水平背后暗含着的是在某一水平上，采取更多的预防措施所增加的成本（边际预防成本）与减少的事故损失（事故损失与边际概率的乘积）是相等的，即 $B = PL$。这些研究思想在后文关于人工智能侵权过失认定标准的确定以及模型中过错责任原则的效率研究中均有所体现。虽然，在实际的司法实践中，由于无法量化事故发生的概率、事故造成的精神损失等信息，就无法计算具体的 B 或 PL，故汉德公式在应用中存在阻碍。但是，汉德公式的思想始终是实用的，在一些预防的边际成本明显小于边际收益的情况下，对过错的认定无须精确计算同样具有参考价值。

第四节 人工智能侵权责任制度的理论分析框架

一 人工智能侵权责任制度法学分析框架的局限性

已有的关于人工智能侵权责任问题的研究多集中在法学领域，法学研究在讨论现行侵权责任制度对人工智能侵权问题无法形成有效涵摄这一困境时，多是从法律框架内部出发，通过相关概念界定、寻求法理支持等方法，变通地尝试寻找规范内的可能途径来弥补责任规则与人工智能侵权事实之间的间隙。这些法学研究方法在一定程度上受限于作者自身的主观价值判断和理论认知，造成对人工智能侵权相关问题众说纷纭的尴尬局面，缺乏较为客观的系统性分析的研究成果。

二 人工智能侵权责任制度法经济学分析框架

为弥补人工智能侵权责任制度系统性研究的空白，本书尝试从法经济学角度出发，构建符合人工智能侵权特征的侵权责任制度理论分析框架。在坚持马克思主义理论为指导的基础上，运用规范分析、实证分析和博弈分析相结合的研究方法，形成以"责任界定——行为激励——制度选择"为逻辑脉络的人工智能侵权责任制度的法经济学分析框架。在此框架下，本书围绕人工智能侵权责任制度的三个重要组成部分即责任构成要件、责任分配原则和损害赔偿分别展开分析。

首先，以科斯定理和波斯纳定理作为人工智能侵权责任制度建立的根本依据，确定责任界定的必要性。在本书的研究中，人工智能侵权责任制度作为将高昂的交易成本导致的外部效应内在化的政策工具之一，通过强制侵害人向受害人支付赔偿金的方式，激励潜在侵害人为安全投资，减少事故发生。可见，只有清晰的权利界定才能够给予行为人决策以明确预期，进而减少因制度模糊造成的交易成本，但是，侵权责任界定的方式有很多种，不同的初始界定最终会形成不同的资源配置结果，这需要进一步展开行为激励和制度选择问题的分析。

其次，以理性选择理论作为人工智能侵权责任制度规制下的当事人行为激励机制研究的基础。理性选择理论一般可以被视为自我利益最大化理性假设的一种规范化表达，行为人的理性选择就是倾向采取最优策略，以耗费最小成本获取最大收益，进而实现效用最大化。侵权责任作为一种成本支出，会在既定侵权责任制度的安排下进入行为人决策，所以，在人工智能侵权责任模型的具体分析中，侵权责任制度同交易价格一起约束并激励行为人的生产、创新、预防等行为，且行为人在制度框架下进行的一切行为决策都是理性选择前提下经过成本收益分析的结果表示。

最后，以效率理论为标准选择符合经济目标的人工智能侵权责任制度安排。由于不同的责任界定方式会引导实现不同的资源配置效率，因而，在人工智能侵权责任制度的具体制度安排选择中，需要确定以效率理论为评价标准，选择能够实现社会资源最优配置的制度安排，为人工智能侵权责任制度的具体构建提供决策参考。一般来讲，制度效率标准根据卡尔多—希克斯效率标准确定，这是因为根据科斯提出的"问题的交互性质"，当侵权责任制度实现受害人救济的同时也使侵害人付出了成本，无法满足帕累托效率标准严格的前提条件时，而以卡尔多—希克斯效率标准为依据，只需要满足社会福利的最大化就能够达到最优，可操作性更强。后文对人工智能侵权责任的构成要件认定研究、侵权责任的归责原则最优选择研究、侵权的损害赔偿有效性研究都在这一理论分析框架下进行。

第三章　人工智能侵权责任的构成要件
认定分析

法学上，将侵权行为人承担相应侵权责任的前提条件称为侵权责任的构成要件，它是认定其是否应当负有相应责任的标准。在侵权责任制度中，随着归责原则的多样变化，构成要件也产生相应变化，但一般构成要件主要包含损害、过错和因果关系。不过，由于人工智能侵权的特殊性，人工智能侵权责任的责任主体问题饱受争议，故人工智能侵权的责任主体选择也应成为承担人工智能侵权责任必要条件的因素之一。因此，本章将对人工智能侵权责任的四个构成要件——责任主体、损害、因果关系和过错分别展开分析。

第一节　人工智能侵权责任的责任主体

2010 年 11 月 7 日，日本一款名为"帕罗"的宠物机器人取得户籍，而"帕罗"的发明人在该户口簿上被注明的身份是父亲。2016 年 2 月 4 日，美国国家公路交通安全管理局（NHTSA）在一封回函中提及，嵌入谷歌自动驾驶汽车中的自动驾驶系统可被认定为"驾驶员"。次年 10 月，沙特政府选择对"女性"机器人索菲亚授予公民身份，开创了机器人拥有公民身份的先河。以上关于人工智能法律地位的尝试共同聚焦于一个问题——人工智能的法律主体资格是否应该被赋予？而这一问题的答案也深刻关乎着人工智能侵权责任承担的方式，假如赋予人工智能法律主体资格，则作为责任主体的人工智能将如何承担相应的侵权责任及损害后果？假如不赋予人工智能法律主体资格，那么人工智能侵权责任主体又应该是谁？下面将针对人工智能侵权的责任主体问题展开深入研究。

一 人工智能法律主体资格的马克思主义经济学分析

马克思异化理论为分析人工智能是否具备法律主体资格提供了世界观的指导意义。"异化"一词最早被用来表示商品或者权利的转让、过渡，而后被上升至哲学概念，用以说明主体和客体的一种特殊关系（欧阳英，2019）。马克思运用德国古典哲学中的异化思想来分析工人劳动问题，提出了马克思异化理论。马克思（2018）在《1844年经济学哲学手稿》中这样写道："工人在他的产品中的外化，不仅意味着他的劳动成为对象，称为外部的存在，而且意味着他的劳动作为一种与他相异的东西不依赖于他而在他之外存在，并成为同他对立的独立力量；意味着他给予对象的生命是作为敌对的和相异的东西同他相对立。"由此，这种工人的劳动和成果与工人自身之间出现的异化，能够被简单总结为：在资本主义条件下，虽然能够确定工人是劳动的主体，但是，劳动者无法控制自己劳动和成果的情况是有可能发生的，那么发生这种情况就表示工人的劳动和成果与工人自身之间形成了异化关系。

生产资料私有制的出现，令劳动者凭借自身劳动取得的成果脱离劳动者所有，成为不受劳动者掌控的对立物，甚至凌驾于劳动者之上，使劳动者受其劳动成果的奴役，形成矛盾。与此同时，劳动者与拥有其劳动成果的资本家之间同样存在着矛盾和冲突，在共同作用之下陷入凝结人类智慧的劳动成果无法服务于劳动者发展的不良局面，阻碍社会进步。而作为人类劳动成果的人工智能，正逐步在各个领域内取代多种形式的人类劳动，包括简单劳动和复杂劳动，使人们不仅会丧失劳动机会，还会丧失个人价值。在这样的背景下，如果从法律角度将人工智能清晰地界定为法律主体，可以与劳动者享有同等的法律地位又不受劳动者掌控，那么人工智能与劳动者之间的异化关系将会进一步加剧，而创造人工智能的劳动者与实际控制人工智能的主体间的矛盾局面也会进一步恶化，不仅使人工智能无法推动社会进步，还带来社会的混乱局面。基于马克思异化理论，可以看出对人工智能加以控制性使用才能真正有利于社会生产力发展，赋予人工智能法律主体资格并不利于人类对人工智能的控制，而且会加剧人工智能这一劳动成果与劳动者之间的异化关系，因此，为了经济社会的健康长远发展，不应赋予人工智能法律主体资格。

二 人工智能法律主体资格的法学分析

法律主体资格，又被称为"法律人格"，具体指在法律上作为一个能够享有权利、履行义务、承担责任的主体的法律资格。从法学分析视角出发，要想回答人工智能是否应被授予法律主体资格这一问题，首先必须从法理层面思考人工智能本质上是否具备充分的法理条件，否则一旦脱离理论，法律实践就会举步维艰。

1. 人作为唯一法律主体的法理基础

自罗马法以来，"人"都被视为法律体系中最重要的内容。所有法律规范，皆以"人"作为法律效果之承受者（费安玲等，2018）。从本质上来看，现代法律是人的自由意志活动的产物，是由人类制定的、能够反映人的现实的需求、主张的法律，而利益是法律产生之源（赵明，2012）。总之，法律是人的意志的映射，代表了人类自身利益所在。虽然动物保护倡议者曾提出把动物提升为人类道德关系的主体，升格为有限的法律主体，而不再仅作为法律关系的客体的建议，但在法律实践中从未真正在法律层面上赋予动物以主体地位，而且当动物与人的利益产生冲突的时候，动物的利益也往往不予保护（陈本寒、周平，2002；崔拴林，2009）。究其原因，法律所代表的是人的意志、人的利益，一切法律活动都应以人为核心，而非动物。人类所关注的动物保护，根本目的在于防止因人类破坏地球造成的稳态失衡，从而影响人类生存。由此可见，问题的出发点和落脚点均是人类自身的利益。

以此逻辑思考人工智能的法律主体资格问题，人工智能与动物在某些特性上是相似的，其在法律地位上也是相同的。人工智能在人类社会生活中扮演的角色是提高社会生产效率的重要工具，那么法律所关注的重点应在于如何通过制度安排来使人工智能的发展满足人类利益，而非保障人工智能利益的实现。假使令人工智能获得与人类平等的法律主体地位，人工智能拥有较人类工作效率更高的能力，必然会在一定程度上损害人类自身利益甚至凌驾于人类之上，因此，理性的人类不会产生这样的立法激励。而且，法律作为一种稀缺资源，在任何历史时期都必然为人类自身利益服务，不会浪费在保护除人类以外的任何其他主体上，不论是动物、人工智能还是其他（付其运，2021）。由于法律永远代表着人的自身利益，即便是人工智能也无法撼动这一人作为唯一法律主体的法理基础，人工智能也就不具备取得法律主体资格的条件。

2. 人工智能法律主体的构成资格不足

卡尔·拉伦茨（2003）认为"凡一个人具备全面的能力时，就不仅仅具备权利能力、具备行为能力，而且还能够为其行为承担责任"。可见，想要成为"人"，成为能够理性地自我决定、自我发展并自负其责的法律主体，就需要具备权利能力、行为能力以及责任能力。按照《中华人民共和国民法典》的划分方式，民事主体被界定为自然人、法人和非法人组织①三类，并且无论是自然人或类推意义上的法人组织，都满足享受权利并承担义务这一主体构成的必备要件。所以，想要确认人工智能的法律主体资格，就要求人工智能

---

① 《中华人民共和国民法典》第二条："民法调整平等主体的自然人、法人和非法人组织之间的人身关系和财产关系。"

必须同其他法律主体一样具有权利能力，否则会造成法律主体的不公平。人工智能的权利可以直接由法律以规定方式确认，那么赋予人工智能主体资格的关键就在于其具有能力来承担义务和责任。由于法律主体存在承担法定义务的需要，因此产生了对法律主体"行为能力"的要求，也就是需要法律主体能够理智地控制自己的行为，明白自身行为的意义，以确保法律后果的顺利实现，其中就充分体现出人类的"理性"。

对于人工智能本身来讲，一方面，当前技术水平下仍以弱人工智能为主，弱人工智能只是按照事先设定好的程序规则进行活动，不存在类人的独立意志表示能力，也就显然不具备法律主体的构成资格。另一方面，随着人工智能技术的不断发展，强人工智能的出现可能实现机器拥有与人类相类似的理性和行动能力，但是，强人工智能依旧不具备被认定为法律人格的先决条件，原因如下。

第一，人工智能的本质是基于大数据的深度学习。一方面，人工智能的算法本身由数学或者代码方式呈现，但此过程中设计、目的、标准和数据使用则都是由开发者的主观选择决定的，有意或无意地令人工智能受到开发者本身意愿的影响，人工智能引起的偏见问题就是很好的印证；另一方面，人工智能分析和学习的数据来源于人类，由人类所创造，也代表着人类的意志和选择，人工智能在收集、分析数据后做出相应的判断和行为选择，由此可以认为人工智能本身并不具备自我意志，其行为是受人类意志影响的意思表示，而非独立的意思表示。基于这两方面考虑，尽管强人工智能拥有可以与人类比肩的思维能力，但这种能力是受人类意志影响的，人工智能并不具备自身的意志，缺乏行为能力，因此，强人工智能也并不能被确立法律主体资格。

第二，人工智能一旦被确立法律主体资格，在被赋予权利和义务的同时也需要承担责任。为此，人工智能需要能够准确了解和掌握权利、义务和责任的深刻含义，进而约束自己的行为，如何将这些法律意识植入人工智能的系统存在极大的困难。另外，人类高于人工智能的另一个表现是人类能够以自主意识的方式对现状进行反思，并且进一步将无意识的习俗或惯例上升至道德层面和法律层面。这种制定道德规范或法律制度的能力并非动物普遍具有，而是根植于人类自身的特别的伦理反省能力。由此可见，在由人类主导建立的道德和法律框架体系内，并不适合将人工智能安放在与人类平等的地位上，令其参与到制度的实际运行中来。

思考赋予人工智能法律主体资格的问题，绝不能忽视法律的本质和功能。众多法学家认为法律代表人的利益，利益是法律的产生之源。法律的本质和功能始终围绕利益归属和分配的确定，即便人工智能能够意识到自己的"利益"，其范围和边界也是不够清晰的，仍然需要由人类进行划分，而非由人工智能同人类共同界定，因此人具有法律主体资格的唯一性。而且，不论是弱人工智能还是强人工智能，均尚未具备能够理性地自我决定、自我发展并自负其责的法律主体所必须具备的行为能力和责任能力，难以获得法律主体资格。除此以外，以当前人工智能发展水平来看，强人工智能的实现仍有诸多技术上的难关需要攻克，这将是一个漫长的攻坚过程，如果当下就对人工智能的法律地位等问题予以立法规制，实质上是对稀缺的法律资源的浪费，法律所做的前瞻性思考并非对所有可能出现的问题立刻进行相关法律确认，而应当是在充分研判后选择恰当的时机予以立法，显然当下并非恰当时机。因此，从法学角度来看，赋予人工智能法律主体资格在理论层面缺乏合理性。

三　人工智能法律主体资格的法经济学分析

当前，关于人工智能法律主体资格的讨论和研究多聚焦于法学领域，主要以法哲学或法理学视角展开，且结论也未能达成一致。当脱离法学视角，能够发现经济学也可以为回答人工智能能否拥有法律主体资格这一问题提供全新思路。

　　首先，明确地界定人工智能的法律地位存在必要性。根据科斯定理，在交易成本不为零的现实世界中，权利的初始界定方式深刻影响着社会资源配置以及经济运行，那么，是否赋予人工智能法律主体资格以及相应权利同样深刻影响着资源配置效率的高低。更进一步地，法律制度能够通过建立一个人们相互作用的稳定的结构来减少不确定性（诺思，2014）。如果能够对人工智能的法律地位做出明确规定，那么制度就可以为所有市场主体提供准确的预期，从而便于大家做出理性选择，否则在充满不确定性的市场交易中势必产生高昂的交易成本，不利于经济社会发展。其次，关于人工智能法律地位的理性选择问题包含成本和收益之间的权衡。一方面，在法律的成本收益分析中，既包括可以计量的措施，也包括难以量化但又必须考虑的定性措施，故难以直接对成本收益进行数量上的计算和比较；另一方面，法律主体往往能够对自己的收益有着较为清晰的衡量，但容易错误地估算交易成本，故更应当注重对成本的分析（冯玉军，2013）。因此，基于以上两点考虑，我们可以将制度所提供的服务或实现的功能作为既定目标，把制度的交易成本作为制度效率水平的具体衡量方式，通过比较交易成本的高低来比较不同制度的效率，并且认为在实现既定目标的前提下，能够具有更低交易成本的制度安排是最具效率的。最后，根据制度效率分析的结果，选择一项交易成本更低、效率更高的制度安排，就能够对是否赋予人工智能法律主体资格这一问题做出回答。当前，关于人工智能法律主体资格问题的讨论大多是为合理回答人工智能所引发的侵权损害责任承担问题以及人工智能创造物的实际归属问题而展开，因此短期的法律目标就是解决人工智能的相关法律问题，为受到新技术影响或侵害的人们提供法律救济，而长期的法律目标则是促进人工智能产业健康、有序发展，进一步提高社会劳动生产率。基于以上法律目标，下面我们对是否赋予人工智能法律地位进行效率分析。

1. 立法效率

任何一种制度安排都不是独立地发挥功能和效用，而是嵌在制度结构中，内在地连接着制度结构中的其他制度安排，人工智能法律地位的制度安排也是如此（袁庆明，2005）。想要实现制度目标，仅仅明确人工智能法律地位远远不够，还需要一套完善的与之协调、互为补充的制度体系，否则如果只在法律层面上承认其主体资格，而对于人工智能的行为没有相应的制度安排予以规范和约束，就会形成制度真空，使人工智能以及其他主体行为无法得到有效的约束和规范，这对解决与人工智能相关的现实法律问题、实现制度目标毫无意义。

当赋予人工智能法律主体资格后，就要赋予其相应的权利和义务，同时构建与之相匹配的权利制度、责任制度以及交易制度等。可是，人工智能法定权利的内容需要在具体实践活动中通过抽象提炼后再予以立法确认，而在当下发展阶段，立法部门难以推出具有普适性的制度安排，由此可以预见的是，授予人工智能法律主体资格及相应权利，甚至制定一套总括性的"人工智能法"，将是一项浩大的立法工程，加之与其相适应的人工智能责任制度、交易制度也要随着人工智能权利制度的变动而不断调整，由此耗费的立法成本是巨大的。相较于另设一套专门规制人工智能行为的法律体系，能够节约更多的交易成本的选择便是不赋予人工智能法律主体地位。具体来看，虽然人工智能对现有法律制度产生了一定的冲击，但实际上如果将人工智能视为法律客体，则为化解人工智能风险所做出的相应法律调整或补充相较于制定"人工智能法"将大大降低立法成本。同时，只要在现行法律框架下，完善对人工智能相关主体（如生产者、设计者等）的行为规制制度，同样能够妥善解决当前人工智能法律问题，化解法律风险。其实，当制度能够清晰界定人工智能相关的权利（如著作权）和责任（如侵权责任）由谁享有和承担时，无论是否赋予人工智能以法律主体资格，都能够有效降低由其自主性导致的信息成本、谈判成本、交易不确定成本等一系列交易成本，但由于赋予人工智能主体资格需要花费更加高昂的立法成本，所以，从立法效率角度来看，不赋予人工智能法律主体资格具有更高的效率。

2. 运行效率

任何制度的设计和运行都是需要耗费成本的，而且制度运行成本的来源广泛，凡是参与制度运行的每一方经济主体都要付出一定的成本，诸如法律部门的执法成本、司法成本以及市场主体的守法成本、救济成本等，这些成本共同构成制度运行过程中的交易成本，影响着制度的运行效率。

一方面，人工智能应用广泛、种类繁多且性能差异明显，一旦赋予人工智能法律主体资格的话，法律部门需要对人工智能进行明确的、严格的、细致的标准划分，对于可以拥有主体资格的人工智能谨慎地逐一发放"身份"，在该过程中需要相关执法部门在科学的、充分的信息的基础上做出决策，而执法部门对于人工智能技术专业知识信息的完整掌握就将耗费一定的交易成本。而且，人工智能以法律主体身份参与的一切活动都需要在法律约束下进行，也就意味着法律部门需要同时对自然人、法人以及人工智能的行为进行规制和监督，其中人工智能的行为规制问题会大幅度提高交易成本。相反，假定不赋予人工智能法律主体资格，人工智能的认定标准只需要划定相应等级，并交由相关部门对人工智能的生产过程进行监督管理，无须逐一对人工智能进行权利确认，能够明显降低交易成本。同时，在确认人工智能为特殊的法律客体的前提之下，想要实现对人工智能的引导，就只需要对人类的行为进行法律规制，通过调整人类的行为来影响人工智能技术创新方向，那么，在实现人类行为规制的同时也间接地将人工智能纳入人类法律框架下，并给予相应的约束和保护。

另一方面，人工智能一旦被认定为具备法律主体资格，就拥有了相匹配的权利和义务。此时，使人工智能服务于人类利益不再是人工智能生产者和设计者唯一的研发目标，而需要花费额外的成本解决人工智能准确理解其权利和义务的含义及范围的问题，否则无法理解自身权利和义务的人工智能是无法成为法律主体的。但如果人工智能只作为法律客体，仍旧只是人类改造世界所使用的一种特殊工具和手段，那么在人工智能的开发和使用过程中皆以人类利益为出发点和落脚点，无须关注人工智能的法律理解、道德理解能力。在劳动和资本等稀缺资源的约束下，这两种截然不同的人工智能研发思路将会产生不同的效率结果，显然，不赋予其法律主体资格的话能够给人类带来更高的劳动生产率。而对于人工智能的使用者来讲，当人工智能被界定为与自己同等法律地位的主体时，其在使用人工智能的过程中需要对人工智能的各项权力边界掌握清楚，进而投入更多的注意成本，来避免侵权损害行为的发生，在此过程中所耗费的显性成本和隐性成本也是运行成本的一部分。

因此，当赋予人工智能法律主体资格后，从制度运行角度来看，不论是法律部门还是市场主体都将付出更多的交易成本，而且这种交易成本的付出无益于人类生产活动的促进，故认为不赋予人工智能法律主体资格的制度运行效率高于赋予其法律主体资格的制度运行效率。

3. 激励效率

除前述法律制定、法律运行过程中会产生交易成本外，制度还能够通过抑制机会主义行为、提供有效信息、降低不确定性等途径降低交易成本，发挥制度的激励功能。制度的激励效率也与制度的总体效率息息相关，高效的制度能够激励每位参与者，令其在实现个人利益最大化的同时也能够达到某一社会目标，实现激励相容[①]。

---

① 激励相容是机制设计理论的一个重要方面。机制设计理论源于 2007 年诺贝尔经济学奖获得者之一赫尔维茨于 20 世纪 70 年代的开创性工作，该理论所讨论的一般问题是，对于任意给定的一个经济或社会目标，在自由选择、自愿交换、信息不完全等分散化决策条件下，能否设计或怎样设计一个最有效的机制（即制度），令经济活动参与者的个人利益和设计者的既定目标相一致。

在实践中，与人工智能的法律地位问题息息相关的两大问题分别是解决人工智能创造物的归属问题以及侵权损害赔偿责任承担问题。由于相关制度发挥的激励效用各不相同，需要分别讨论这两种情况。

对于人工智能创造物的归属问题，如果赋予人工智能法律主体资格，其创造物的权利当归属于人工智能本身。不过，知识产权制度的根本目标在于通过法授创新者排他权以激励更多的创新，那么，可以变通地对知识产权制度进行理解进而推定出这样的观点：假如创新活动的产生能够不依赖制度激励手段，则无须从法律层面保护创新者的权利（Samuelson，1986）。一方面，对于开发者而言，拥有对人工智能创造物的所有权能够进一步激励人类开发和利用人工智能的创造能力，因为在所有权保护下，开发者能够清楚地预测自身行为会令自己享受到人工智能带来的利益，从而会选择积极开发人工智能技术并利用其进行创造，而赋予人工智能法律主体资格将限制开发者的权利。另一方面，对于人工智能而言，享有其创造物的所有权实质上并无意义，因为人工智能不需要通过排他权来激励其进行创造性活动，同时人工智能又无法享受由其作品带来的诸如知名度等非实质性收益，故具有法律主体资格与否对于人工智能来说并无差别，不会影响其创造性活动。综上所述，笔者认为赋予人工智能法律主体资格的激励作用更为微弱。

对于人工智能侵权损害赔偿责任承担问题，一旦赋予人工智能法律主体资格，则表示人工智能这一法律主体将承担侵权责任，表面上看这样做似乎能够简化侵权责任认定和承担的归责程序，但实际上并没有从根本上解决问题。人工智能作为与自然人、法人同等的法律主体，将在侵权损害发生后与生产者、销售者、使用者等相关主体共同承担责任，不过人工智能在过错这一构成要件的认定上与人类不同，需要从技术上予以明确，而人工智能的程序算法均由生产者选择和设定，生产者可能会基于信息不对称的优势地位逃避责任，使受害者难以获得有效救济。可见，由人工智能作为法律主体承担相应侵权责任可能会对生产者产生负向激励，不利于人工智能产业的发展和使用者的权益保护，此时生产者的利益最大化目标与社会效益最大化目标无法一致；反之，不承认人工智能的法律主体地位，即将人工智能排除在承担侵权责任的范围之外，既能够有效规制人工智能背后的生产者、设计者的行为，激励其履行安全性义务，又便于将人工智能侵权成本内部化，减少人工智能侵权行为的发生。因此，不赋予人工智能法律主体资格更加符合激励相容，有利于各主体私人利益以及社会总体目标的实现，具有更高的激励效率。

四 人工智能侵权责任主体认定

随着人工智能与经济社会的不断融合，人工智能与人类活动的互动性也在逐步增强，相关的损害和侵权风险难以避免。不过，无论是弱人工智能还是强人工智能，从法学、经济学角度来看都不具备被赋予法律主体资格的条件，加之人工智能不拥有财产，因而无法成为侵权责任主体。那么，对于复杂的人工智能侵权，应该如何合理分配侵权责任，才能在推动技术进步的同时保障安全，这成为法律亟待回答的问题。分配侵权责任的第一步，就是明确人工智能侵权的责任主体。导致人工智能侵权行为发生的原因有很多，相应的责任主体也各不相同，具体考虑以下几种可能。

（1）人工智能的开发者在算法编程及程序设定的过程中存在偏差，导致系统运行错误，从而造成损害，应由开发者作为责任主体来承担具体的侵权责任。例如，美国 2017 年发生了"艾莎门"事件，某不良视频由 YouTube 的机器学习训练法推荐，使用者一旦观看，该类视频会进一步被推送甚至使用者的网站首页被大量该类视频挤满，造成极大的社会不良影响。在此案件中，就应当由 YouTube 对因其算法漏洞产生的损害结果承担责任。

（2）在人工智能的生产过程中，由生产者失误造成产品缺陷致人损害的，可以适用传统产品责任制度中由生产者作为责任主体的规定，其中，产品缺陷的实际范围包括设计缺陷、制造缺陷、警示缺陷等。例如，2020年1月，美国国家公路交通安全管理局曾收到一份内容是关于127起特斯拉车辆"意外加速"事故投诉的请愿书。虽然尚未得到明确的产品设计或制造缺陷证明，但之后从特斯拉公司将"自动驾驶"更名为"辅助驾驶"的举动也不难看出，当前自动驾驶汽车存在相应的警示缺陷，生产者在相应事故中需要承担侵权责任。

（3）在人工智能的开发和生产过程中均不存在过失行为，但由于人工智能操控者或使用者的用法不当导致权益损害发生，可以认定使用者为责任主体，承担相应侵权责任。人工智能在与人类的互动过程中，其自我学习的结果会受到使用者或控制者行为的影响，比如社交机器人所学习的语言内容与使用者自身的语言习惯息息相关。那么，由此造成的侵权责任需要由相应的使用者来承担，即令使用者成为责任主体。

（4）假定人工智能的研发、制造、使用阶段各主体行为均无过错，但人工智能的自主性决策失误或其他不可解释的原因造成了权益损害，面对此类事故损失，当前侵权责任制度力有不逮，仍需要进一步讨论相应的侵权责任划分问题。法经济学视阈下的侵权法目标是通过制度安排令事故产生的社会成本最小化，激励双方将高交易成本造成的外部性内在化，进而避免事故发生。根据这一目标，在此类情形下，在与人工智能侵权相关的主体中，由研究开发者、设计制造者、部署应用者共同构成的"创新生产者"具有最优主体地位，原因有以下几点。第一，人工智能技术复杂性极强，从其研发、生产到应用涉及多方主体共同参与且相互依存度极高，那么，在具体的追责过程中，处于信息劣势的司法部门想要清晰辨别具体事故原因需要耗费巨大的交易成本。此时，若将参与人工智能生产过程的多方主体视为"创新生产者"这样一个整体，并以连带责任①形式进行追责的话，将大大降低交易成本，并且在"创新生产者"内部的各方主体都掌握着完全信息，更便于进行内部调查进而划分责任。第二，人工智能的创新生产者一方在人工智能的设计、制造等过程中具有信息优势，更有利于改进技术和控制风险，具有较低的预防成本。那么，根据汉德公式，由创新生产者承担人工智能侵权责任是有效的。同时，Kowert（2017）指出，现代侵权法的多样性风险路径正在不断提高和扩充风险预见能力及预见范围。因此，要求创新生产者的合理预见范围也必须同样扩大，不能因缺乏预见能力而拒绝承担人工智能侵权责任。

综上所述，不论是通过产品责任制度还是一般侵权责任制度解决人工智能侵权责任问题，其关键都在于明晰事故原因。根据事故发生的原因，可以将人工智能侵权损害行为大致分为四种情形（见表3-1），在前三种情形下按照产品责任或一般过错责任均可以明确地向相关责任主体追责，而第四种情形较为特殊，无法适用现有制度，故基于创新生产者的事故调查优势及风险控制优势，笔者认为创新生产者具有最优主体地位。

表 3 - 1　人工智能侵权损害情形和责任主体认定

序号	侵权损害情形	责任主体
1	人工智能的开发者在程序设定过程中存在偏差导致系统运行错误，进而造成损害	开发者
2	人工智能的生产者失误造成产品缺陷，进而造成损害	生产者
3	人工智能的开发及生产过程均无过失，而是由于人工智能使用者用法不当造成损害	使用者

---

① 侵权责任制度中的连带责任指，因违反法律的直接规定，多名侵权行为人向受害人各负全部的赔偿责任，受害人有权要求一名或数名行为人承担全部或者部分赔偿责任，而一名或数名行为人在承担全部赔偿责任后将免除其他行为人的赔偿责任。

序号	侵权损害情形	责任主体
4	在人工智能的开发、生产、使用阶段均无过错，因人工智能的自主性失误或其他不可解释的原因造成损害	创新生产者

第二节　人工智能侵权责任的损害

根据《中华人民共和国民法典》的规定，损害是要求侵害人承担相应赔偿责任的基础和前提，受害人获得损害赔偿的必要条件之一就是受到了实质的损害；反之，无损害即无责任。[①]　与一般侵权责任相同，人工智能侵权责任的承担也以损害结果为要件。

一　损害的经济学解释

经济学上认为，损害是指侵权行为使受害人的效用水平降低，这与传统法学的"损害之利益"的观点基本达成一致。进一步地，可以运用无差异曲线来形象地对损害加以描述。由于侵权责任制度调整的是因侵害民事权益而产生的民事关系，而民事权益主要涉及人身权和财产权两个方面，假定这两种权利水平可以被量化，拥有更高水平的人身权能够拥有更加健康的身体，拥有更高水平的财产权能够拥有更多的财产，进而将人身权和财产权分别作为受害人效用曲线的纵轴和横轴（见图3-1）。根据无差异曲线可以看出，在 U_2 上每一点对应的人身权与财产权组合都能给受害人带来同等的效用水平，即 $U_A = U_{A'}$，且 U_2 上的每种组合均比 U_1 所代表的效用水平高。虽然，A 和 A' 这两点所获得的效用无差异，但是沿着 U_2 由 A 向 A' 移动意味着受害人通过让渡一部分人身权来获得更多的财产权。

[①]　《中华人民共和国民法典》第一千一百六十五条"行为人因过错侵害他人民事权益造成损害的，应当承担侵权责任"，相较于原本的《中华人民共和国侵权法》第六条"行为人因过错侵害他人民事权益，应当承担侵权责任"，明确增加了"损害"要件。

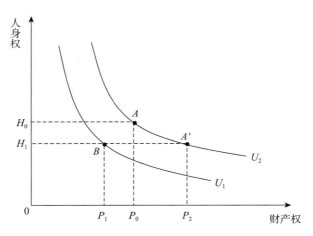

图 3 – 1　受害人权利损害后的效用变化

假定受害人的初始效用在 A 点处，其效用函数可以表示为 $U_A = U(P_0, H_0) = U_2$，表示拥有财产权水平 P_0 和人身权水平 H_0。在受害人遭受人工智能的侵权损害后，其财产权水平由 P_0 下降到 P_1，人身权水平由 H_0 下降到 H_1，即由 A 点移至 B 点，效用水平由 U_2 降至 U_1。此时，如果想要完全补偿受害者损害，则需要使其效用水平重新达到 U_2，这时主要以赔偿金的形式进行补偿，而赔偿金的数量可以根据损害程度来确定，具体包括财产上的补偿（$P_0 - P_1$）和人身健康恢复的成本（$H_0 - H_1$）两部分。在理想情况下，这样的补偿能够使受害人的效用水平从 B 点恢复到初始的 A 点。但是，在一些情况下，侵权行为对人身的损害可能很难恢复到完好如初，只能维持在 H_1 的水平上，如此一来，为了同样达到 U_2 的效用水平，需要支付 （$P_2 - P_1$）的赔偿金额使受害人财产达到 P_2 的水平上，以获得 A' 点的效用，即以财产形式弥补非财产上的不可逆转的损害。上述的完全赔偿方式，就是通过足够的货币补偿受害人，并使受害人的效用恢复至原有水平，能够将社会成本内在化。

二　事前安全管制与事后损害责任的比较

预防人工智能损害发生可通过两种主要途径实现：一是通过设

立管理条例或行业标准在事前命令人工智能相关企业改正其危害性行为，即以强加义务的方式来修正侵害人的行为，进而避免侵权损害发生，这种途径可被称为事前安全管制；二是通过构建侵权损害责任在事后强令侵害人对受害人损害进行赔付，以承担损害赔偿责任的方式来威慑侵害人，引导其主动采取预防措施避免侵权损害发生，这种途径可被称为事后损害责任。事前安全管制和事后损害责任这两种方式都能够在一定程度上影响行为人决策，减少侵权损害的发生，但在不同的情形下所发挥出的损害预防效果不同，具有优劣性。影响二者预防和威慑效率的决定性因素大概可被分为信息优势、诉讼概率、偿付能力和交易成本四个方面。

第一，相关主体的信息优势。事前安全管制的实施主体是行政管理者，而事后损害责任的实施主体是拥有司法权的法院。在技术信息方面，行政管理者通常应该具有评估人工智能技术安全性所需的专业技术知识，而普通法院的从业人员难以积累与之比肩的专业技术知识，所以在人工智能相关行业标准的设置上，行政管理者具有比较优势，法院也可以根据相关标准条例作为责任认定的参考标准，界定侵权责任制度的法定注意水平。若该标准与责任制度确定的预防标准一致，则潜在侵害人为同时规避事前处罚和事后责任，会选择有效注意水平。在损害信息方面，法院对侵权损害行为的损失、预防成本、损害发生的概率及严重性等损害信息的掌握比行政管理者更具成本优势，假使行政管理者想要在事前获取以上损害相关信息，就需要对人工智能侵权方的行为保持连续的观察，并在形成损害预期后才能制定管理条例，该过程需要耗费相当的交易成本。

第二，受害人的诉讼概率。在某些特殊的人工智能侵权案件中，诸如人工智能系统违规获取用户隐私信息或人工智能拨打骚扰电话等，由于损害是分散的且极具隐蔽性，或是举证存在一定困难，又或是损害后果的显现滞后于诉讼时效等，单一受害人不选择诉讼，而侵害人也因为免于诉讼而不会采取足够的损害预防措施。那么，基于受害人诉讼概率的考虑，在这类人工智能侵权损害事故中，事前安全管制方式是更优的选择。

第三，侵害人的偿付能力。当侵权责任制度规定超过侵害人的资产所能承受的限度时，侵害人没有能力对所有损害进行支付，一些企业会选择以破产来避免事后责任承担的风险，此时的事后损害责任在激励避免损害发生这一目标上并不具有效率。甚至，如果侵权责任是唯一惩罚，这种风险性行为会吸引更多资本不足的企业加入人工智能行业，并以破产来避免事后责任承担，会扰乱人工智能行业秩序。相反，事前安全管制可以通过在事故发生前收取罚金的方式，强令资本不足的人工智能企业遵守相关行业安全规范，进而达到避免损害行为发生的目的。

第四，制度的交易成本。事前安全管制与事后损害责任两种制度安排的交易成本是不同的，事前安全管制从行政管理者对标准的制定和制度运行的维护到行为人遵守安全管制标准，需要耗费相当的公共成本和私人成本。而事后损害责任所涉及的交易成本包括侵害双方在侵权损害诉讼过程中付出的诉讼成本和法院审理侵权损害案件所付出的司法成本。由于事后损害责任的交易成本只发生在出现人工智能侵权事故之后，而事前安全管制的交易成本将一直持续，不管侵权事故是否发生。因此，相比于事前安全管制，事后损害责任的交易成本更低。不过，在一些特殊的大规模人工智能侵权案件中，由于单个受害人的诉讼成本远超其诉讼收益，而且因受害人数众多，当每个受害人单独提起诉讼，那么加总起来的诉讼会造成司法成本剧增，此时作为事故的救济手段，事前安全管制比事后损害责任更好。

第三节　人工智能侵权责任的因果关系

侵权责任制度下的因果关系，是哲学上因果关系范畴在民事法律上的应用。哲学上认为因果关系是指客观事物或现象的前因后果的一种关联性，而侵权的因果关系则指损害行为与损害之间的客观联系。因果关系是认定侵权责任成立的构成要件之一，当针对某一行为人是否应关于已经发生的危害去承担责任或对他人赔偿这一问题进行思考时，哈特、奥诺尔（2005）将这个问题分为"寻求说明"和"归因调查"两个阶段进行考虑，并强调"归因调查"是法律人的主要困惑。因果关系的证明以及证明责任的分配问题本就困扰着法学家们，令其头痛已久，遑论人工智能侵权纠纷中的因果关系认定所带来的诸多挑战。不过，这一问题在经济学研究中却截然不同，经济学家兰德斯、波斯纳（2005）考虑到"行为所带来的后果在特定情况下会因激励而改变"这一观点在因果关系理论中并无争议，故认为无须对因果关系进行明确，这使得在关于侵权责任制度的经济学研究中，大多都忽略了原因或因果关系这一概念。随着侵权责任制度的发展，因果关系和过错两个侵权责任之构成要件之间也出现了转化和趋同的现象。

一 因果关系的经济学解释

因果关系是各国侵权法所共同认定的使行为人对损害结果承担民事责任的必备条件，具体指某种行为与损害结果之间存在的一种必然的因果关系。不过，如何准确合理地认定因果关系仍是法学中一个颇具争议的难题，立法上含混不清、实践中举措不定，而学者们也众说纷纭。当前，法学对侵权法中的因果关系研究多采用"两分法"：一是确定事实原因，即受害人在提起侵权诉讼时须确定侵害人行为是事实上损害发生的原因；二是确定近因，即判断事实上的原因是否为法律上的原因（储槐植、汪永乐，2001）。

1. 事实原因

法学上，通常将事实原因用"But for"公式加以描述，意思是"如果没有 A，就没有 Z，则 A 就是 Z 发生的事实原因"，其中 A 表示造成特定结果 Z 的所有必要条件。经济学上，关于事实原因的最初分析主要是以事故成本最小化为社会目标，采用成本收益分析方法，提出在侵权事故中，假如一方为了避免损害发生所耗成本小于损害的话，则该方主体的行为就会被判定为损害结果的唯一法律原因，且应负有相关侵权责任的观点（李婧，2009）。而卡拉布雷西（Calabresi，1975）总结出两种对行为与损害结果之间因果关系存在与否加以检验的理论，分别概括为"原因联系说"和"条件检验条款"。其中，原因联系说强调若某种行为增加了侵权行为发生的概率，则认定此行为与损害之间的因果关系成立；条件检验条款是律师们经常使用的简单标准，认为若不发生此行为，就不会有损害的发生，则认定二者之间的因果关系成立。

在人工智能侵权案件中，关于因果关系认定的难点之一在于无法有效判断人工智能侵权行为的发生是受使用者影响还是其自主决策的结果，进一步造成责任认定困难。基于这一问题，可以通过借鉴兰德斯、波斯纳（2005）所设计的原因的经济学模型来描述。为简化分析，在接下来的单方事故模型中只考虑使用者一方的注意水平作为风险发生的唯一决定因素，并对人工智能侵权事故中使用者行为的因果关系加以描述。

首先，假定人工智能使用者违反人工智能使用说明中的适用注意标准的概率为 α，并且该概率会随着自身警惕水平 z 的提高而降低，则有：

$$\alpha = \alpha(z) \tag{3.1}$$

其次，无论使用者是否违反人工智能使用说明中规定的适用注意标准，意外损害 D 都有可能发生，分别将违反标准发生意外事故的条件概率和不违反标准发生意外事故的条件概率设为 $p \mid v$ 和 $p \mid nv$，并且设它们只取决于使用者对注意的投入 x，而与人工智能无关。基于以上假设条件，可出现图 3-2 中所显示的四种组合的结果并得到相应的概率，且概率之和恒为 1。

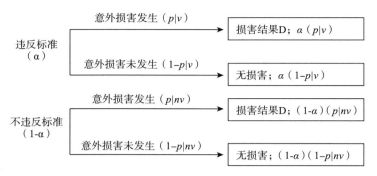

图 3 - 2　因果关系的使用者单方事故模型

考虑侵权行为造成的损害以及使用者付出的遵从成本，可得到事故总损失 L 的函数形式为：

$$L(x) = p(x)\mathrm{D} + C(x) \tag{3.2}$$

进一步地，

$$L = \alpha(p \mid v)\mathrm{D} + (1 - \alpha)(p \mid nv)\mathrm{D} + C(x, z) \tag{3.3}$$

考虑 z 这一变量，对式（3.3）关于 z 求一阶导数，并令其导数为零，使损失最小化，可得：

$$C'_z = - \alpha'_z \cdot \mathrm{D} \cdot (p \mid v - p \mid nv) \tag{3.4}$$

在式（3.4）中，$-\alpha'_z$ 是使用者违反人工智能使用说明中所规定的适用注意标准的概率的临界减少量，C'_z 是提高警惕的临界边际成本。根据式（3.4），可以发现注意的有效水平取决于表达式（$p \mid v - p \mid nv$）的具体数值。①如果有 $p \mid v = p \mid nv$ 成立，则警惕的最优值 z^* 为零，侵权事故发生的概率与人工智能使用者的注意水平不相关，使用者的疏忽与事故之间未能形成因果关系，不应追责使用者。②如果 $x > 0$ 时，有 $p \mid v > p \mid nv$ 成立，z^* 在 z 的第一个变化量所花费的成本少于由第一个变化量所引起的预期损失减少量的时候为正数，此时使用者行为将被视为具有过失而引起侵权损害的发生，二者之间存在必要的因果关系。③如果 $p \mid v < p \mid nv$ 成立，即违反注意

标准后事故发生的条件概率反而小于遵守的条件概率，在这种特殊情况下，法律成本的存在会抑制社会有益活动发生的概率，侵害人所付出的过量注意可能是导致这种情况发生的主要影响因素，侵害人不必承担责任。因此，借助以上模型就可以对人工智能侵权纠纷中基于使用者过失存在的因果关系进行分析。

2. 近因

法律上，侵害人行为不仅要求是事实原因，还必须是造成受害人损害的近因，才能够建立起传统理论下的侵权责任，而近因中所谓"近"的程度该如何确定就成为因果关系研究中的一个重点。在美国著名的"帕斯格拉夫诉长岛铁路公司"案[①]中，关于这一问题有所体现。在此案中，纽约地方法院最终判定被告长岛铁路公司并不负有侵权责任，原因是铁路公司乘务员帮助乘客登车的行为在引发受害人权益受损事件的一系列因果关系中是距离较远的间接原因。从经济学角度对近因进行的研究主要包含两个层面的含义：第一个层面指损害的发生是侵害人行为直接导致的预期后果，是通常意义上的近因；第二个层面则与"巧合"相关联，指损害的发生是侵害人行为导致的非正常后果，即恰恰是由于巧合的存在，才使侵害人行为导致了损害的后果。换言之，在多数正常情况下，即便是在相同影响因素的作用下，该损害也能被避免，那么，如果在此类情形下对行为人责任予以免除，会导致对行为人的预防激励不足，没有责任负担的行为人必然不会采取预防措施。正如前文提到的"帕斯格拉夫诉长岛铁路公司"案就是一种与巧

---

① "帕斯格拉夫诉长岛铁路公司"案是美国侵权法发展史中颇具代表性的案例之一，主审法官卡多佐大法官对案件描述如下。1924 年 8 月 24 日，原告帕斯格拉夫夫人正站在纽约长岛火车站的站台上候车。当火车站的工作人员帮一位旅客登上一列已开动的火车时，不小心碰掉了该旅客携带的一个用报纸包的小包裹。始料未及的是，报纸包裹的竟然是烟花爆竹，包裹掉在铁轨上，被开动的火车碾轧发生爆炸，造成车厢损毁以及 13 人受伤。原告是受害人之一，爆炸的冲击力将站台另一端的离爆炸地点数英尺远的体重秤击倒，导致正在等候的原告被砸伤。原告受到伤害和惊吓之后，甚至患上了严重的口吃症。包裹的所有人已不知去向，原告只好起诉长岛火车站寻求赔偿。

合相关的损害，但是，就此案而言，乘务员帮助乘客登车的行为伤害该乘客的可能性要远高于该乘客使站台上的一人或多人权益受损的可能性，因此，要求铁路公司对非乘客的帕斯格拉夫夫人等人负侵权责任在铁路公司的注意水平方面并无意义，因为准确识别这种巧合情况的成本将高于铁路公司采取预防措施所获得的收益。这就意味着，假如"巧合"的因果关系认定成本过高，明显高于缩小责任范围所节约的成本的话，从制度运行角度来看，免除行为人的侵权责任符合经济学的效率目标。同理，对于人工智能侵权案件来讲，相关主体应对采取预防措施的收益与识别巧合情况的管理成本进行衡量和比较，管理成本过高的极其偶然性情况可以不予考虑，并不构成近因。

3. 不可预见性

前文所述的事实原因和近因这两种因果关系的成立都是可以预见的，但现实中很多情况的发生是无法事前预见的，损害后果的可预见性能够在极大程度上影响行为人的责任承担。对于一些不可预见的侵权事故，侵害人可能以此为理由，尝试逃避因自身过失导致的侵权责任，原因在于从经济学角度出发，假如侵害人无法事前预见损害发生的话，则其不能成为最低成本的事故避免者，所以侵害人只承担能够预见的损害这部分责任。这种损害后果的不可预见性，可借助信息成本的概念来加以说明，具体是指高昂的信息成本严重阻碍了当事人为预防事故发生本应采取的预防手段，也就是将信息成本归为风险规避过程所付出的一种成本，导致汉德公式中的变量 B 过高进而抑制了预防行为（波斯纳，1997）。可以说，不可预见性规则要求拥有更多信息、信息成本更低的那一方当事人采取有效的预防措施，即便双方当事人都能选择采取预防措施，而预防成本较高的一方也可以被免除其过错带来的侵权责任。在人工智能侵权事故中，人工智能作为一种科技含量极高的技术，其创新生产者对于人工智能相关信息的掌握远高于一般使用者，能够以更低的预防成本来避免事故发生，但是也要清晰地认识到，虽然创新生产者的信息掌握情况较普通人全面，但也并非已知人工智能技术全貌，受限于技术水平和认知水平，某些特定情形下由人工智能侵权造成的损害对于双方主体来说都是不可预见的。

此外，对不可预见性规则进行侵权处理的一个重要例外就是蛋壳原则或称脆弱原则——即使侵害人不能事先预见受害人的损害程度，但由于受害人异常脆弱，侵害人依然应对造成的后果承担全部责任，受害人可以获得全部赔偿。在此类情形下，要求侵害人承担全部责任的目的是平衡在受害人对侵害人的侵害具有超强抵抗能力即硬壳情形下侵害人的无责任。

二　因果关系认定的证明责任分配

因果关系认定之困境始终存在，人工智能侵权的特殊性质更是令其难上加难。因果关系认定能否成立与因果关系的证明状况息息相关，如何分配因果关系的证明责任能够在达到因果关系认定目的的同时又体现出公平和效率呢？基于此问题，下面对人工智能侵权之因果关系认定的证明责任分配问题展开研究。

1. 现有侵权因果关系证明责任分配方式的适用困境

我们所关注的"证明责任"的概念引自日本，翻译时人们将证明责任习惯性地称为"举证责任"并延续至今，其可以被简单理解为提交证据的责任，是一个动态的证明过程。中国从法律层面对证明责任进行了规定，并精炼地将其概括为"谁主张谁举证"原则①。理论上讲，在侵权事故诉讼中，主张权利或法律关系存在的一方通常是受害人，按规定应由受害人负担证明因果关系存在与否的责任，但是，由于证明责任本身就构成一种诉讼风险，若一味地将此风险

---

① 《中华人民共和国民事诉讼法》第六十七条："当事人对自己提出的主张，有责任提供证据。"

全部加诸受害人即原告身上而不考虑实际，既有悖于民事诉讼制度保护原告合法权益之目标，造成原、被告双方诉讼地位不平等的局面，又可能因所需证明的要素繁复而带来高昂的交易成本。由此，将一些特殊情形下的因果关系证明责任进行灵活分配具备正当性和合理性，进而衍生出特殊类型侵权诉讼中"举证责任倒置"这一特殊的证明责任分配形式。中国的举证责任倒置源于德国的证明责任分配理论精神，具体内容是在以法律要件分类说为依据对当事双方的证明责任进行明确划分以后，将责任分配结果中本应由一方当事人负担某法律要件事实的证明责任，转向由另一方承担证明不存在该事实的责任（李浩，2003）。

虽然在司法实践中出现了包括"谁主张谁举证""举证责任倒置"等形式在内的多种证明责任分配方式，但其实，时下中国立法和相关司法解释对于举证责任分配标准尚未达成一致定论。而且，人工智能作为新一代技术革命的科技产物，所引发的侵权事故让人始料未及，是对现行侵权责任制度提出的新挑战。想要妥善解决人工智能侵权问题，认定人工智能侵权责任，除明确责任主体和损害外，认定侵权行为和损害之间的因果关系也必不可少，人工智能侵权纠纷中关于因果关系的认定过程困难重重，相关主体承担因果关系证明责任也势必会付出相当的交易成本。具体来看，若由受害人即原告承担举证责任，由于人工智能侵权的自主性和人机交互性特征，人工智能侵权问题进一步复杂化，且对于人工智能技术缺陷等问题的判断有着极为专业的技术要求，普通人难以阐明其损害原理，进而无法举证说明相关主体行为与损害结果之间的因果关系，使侵害人免于惩罚，诱导其减少预防成本的投入，即便受害人能够通过各种渠道和手段对因果关系加以证明，所耗费的交易成本也是巨大的。若由侵害人即被告承担举证责任，创新生产者基于其自身的技术优势和信息优势，能够较为容易地提供否定因果关系存在的相关证据，造成举证责任倒置的滥用，使其成为侵害人逃避责任的工具，产生巨大的社会成本。综上所述，根据现有的责任分配方式，无论是将因果关系证明责任分配给受害人还是侵害人，都不仅不能实现侵权责任制度对法律主体权益保护的目的，甚至会造成巨大的交易成本，降低制度效率。

2. 人工智能侵权因果关系证明责任分配方式

现有侵权因果关系证明责任的分配方式无法妥善解决人工智能侵权问题，所以，该如何分配人工智能侵权案件中的证明责任值得进一步探讨。针对这一问题，我们可以通过"向前看"和"回头看"两个角度，运用法经济学的理论方法展开分析。其中，"向前看"的视角是站在事故尚未发生的立场预期未来，"回头看"的视角则是思考事故发生后的妥善应对之策。

第一，"向前看"。当人工智能侵权事故尚未出现时，基于效用理论，应当将证明责任界定给预期错判损失较小的那方主体，更加符合效率标准。错判概率是举证责任分配过程中的重要的影响因素（桑本谦，2008）。当人工智能侵权案件事实真假难辨之时，不论法院将因果关系证明责任界定给哪一主体，都有可能发生违背事实真相的误判结果。因果关系证明责任既包括提交证据的责任，也包括最终承担败诉风险的责任，假定承担证明责任所花费的成本为 C，当误判发生时，会出现表 3-3 中的几种情形。根据前文关于损害的解释，侵权责任的确定应与受害人损害数额相等，则法院不同倾向的误判所造成的预期损失或收益对于双方主体来说是等额的，不过，这相同数额的货币对不同主体产生的边际效用截然不同。以表 3-2 中误判倾向"事实是侵权却判未侵权"为例，因为人工智能侵权中的侵害方责任主体多为大型科技企业，财富拥有量远超受害人，而其收益的边际效用远低于受害人，相比于将证明责任归于受害人，将证明责任归于侵害人能够使受害人的损失程度较低，进而获得更高的总效用。同理，误判倾向"事实是未侵权却判侵权"中也是如此。因此，由于误判导致侵害人的预期损失（或收益）效用比受害人的预期收益（或损失）效用小，故应将因果关系证明责任分配更多地向人工智能侵权中的侵害方倾斜，符合公平和效率的目标。

表 3 - 2　误判情况下不同证明责任归属的比较

误判倾向	证明责任归属	侵害人	受害人
事实是侵权却判未侵权	侵害人	收益 = 损害 - C	损失 = 损害
	受害人	收益 = 损害	损失 = 损害 + C
事实是未侵权却判侵权	侵害人	损失 = 损害 + C	收益 = 损害
	受害人	损失 = 损害	收益 = 损害 - C

第二，"回头看"。当人工智能侵权事故已经发生，根据科斯定理，需要对证明责任的分配进行明确界定，而最佳的证明责任分配方式就是实践证明成本最低的分配方式，符合效率标准。根据科斯定理，当交易成本为零时，无论怎样分配双方的证明责任都能获得有效的结果，但实际生活中的交易成本存在且是不可忽视的，证明责任的初始分配将会影响到最终的资源配置结果，故需要对侵权因果关系证明责任分配进行恰当的初始界定。于是，基于理性选择理论和成本收益分析理论，笔者考虑侵害人和受害人在承担证明责任过程中所耗费的证明成本，并尝试寻找使成本最小化的责任分配方式。

首先，假定将侵权案件的因果关系证明责任分为 m 和 n 两部分，分别由侵害人和受害人承担，并有 $m + n = 1$ 成立，且规定双方搜集、提供证据的顺序都是从自身出发，由近及远（见图 3 - 3）。

图 3 - 3　人工智能侵权因果关系证明责任分配

进一步地，假定侵害人举证成本为 f，受害人举证成本为 g，且分别与各自所承担的举证责任 m 和 n 有关，因此有：

$$\begin{cases} f = f(m) \\ g = g(n) \end{cases} \tag{3.5}$$

其中，最开始侵害人即人工智能创新生产者一方获取人工智能符合相关标准等证据信息的成本较高，因为需要到相关部门进行检验，但随着证明责任和事故发生数量的增加，创新生产者获取相关信息花费的成本出现边际成本递减规律，形成规模效应；而受害人证明自身损害是较为容易的，当所涉及证据由侵害人一方掌握时，受害人获取成本信息的成本随获取难度的提高而增加，呈现边际成本递增规律，加之不同事故的受害方都要重复取证，会产生巨大的社会成本。根据侵害人和受害人的举证成本函数，可以得出举证总成本是：

$$C = f(m) + g(n) \tag{3.6}$$

令 $m = a$（$a \in [0,1]$），则 $n = 1 - a$，代入式（3.6）中，有：

$$C(a) = f(a) + g(1 - a) \tag{3.7}$$

为求总成本最小值，考虑一阶条件，令其导数为零，则有：

$$f'(a) = g'(1 - a) \tag{3.8}$$

理论上，满足式（3.8）成立的值 a^* 即为证明责任的最佳分配点，且在 a^* 点处，二者各自证明的边际成本相等。故将证明责任的 $[0,a^*]$ 部分分配给侵害人一方，将（a^*,1]部分分配给受害人一方，能够令举证总成本实现最小化。事实上，证明成本会受到多重因素的影响，包括举证能力、经济实力等，举证能力强、经济实力强能够通过更多渠道掌握更多的信息，减少举证所花费的时间成本和搜寻成本（李浩，2003）。基于以上分析，关于人工智能侵权因果关系的初步证明责任，应由受害人一方来承担，因为人工智能侵权的损害后果往往是受害人自身权益的损失，且导致这一损害后果的证据材料由受害人收集提供所花费的成本较低。虽然受害人的经济实力与人工智能创新生产者相去甚远，可能会造成受害人证明成本的增加，但是，受害人关于损害事实的证明责任只需简单将证据提交即可，经济实力对证明成本的影响并不明显，因此，由受害人承担初步证明责任来证明基础事实的存在是有效率的。在受害人完成初步证明责任之后，由于人工智能创新生产者存在明显的技术优势和信息优势，对于导致损害发生的原因机制更为了解和熟悉，故应由侵害人一方承担证明因果关系不存在的证明责任。若将证明因果关系存在与否的这部分责任一并交由受害人承担，会增加受害人的举证成本，且这部分成本明显高于由侵害人承担举证责任所带来的成本，不符合成本最小化原则。综上所述，将人工智能侵权因果关系证明责任中的初步证明责任界定给受害人一方，受害人完成举证后再将不存在因果关系的证明责任界定给侵害人一方，既考虑到双方当事人实力地位悬殊，又能以最小化的举证成本实现收益最大化，兼顾公平与效率。

三　经济分析中因果关系与过错的转化和趋同

在以过错责任为归责原则的侵权责任制度中，因果关系与过错二者均为侵权责任的构成要件。其中，因果关系是承担侵权责任的先决条件，因为责任主体的界定是根据因果关系判断后所认定的损害由谁造成这一结论得出的；而过错的认定则是基于可能的责任主体是否应在法律上承担相应的损害责任。二者之间相互交叉，存在功能耦合关系（王卫国，2000）。可见，法学视角下的因果关系与过错之间联系如此紧密，而在侵权责任制度的经济分析视角下，因果关系与过错二者之间则出现了转化和趋同。

侵权责任制度通过具体的归责体系将高昂的侵权成本内在化，因果关系和过错是归责体系的构成要件，因此，对二者关系的讨论必须回归到制度本身，以侵权责任制度的功能目标为出发点。传统法学将侵权责任制度的功能目标确定为补偿功能，是以一种事后的视角将侵权行为和损害结果相联系，故因果关系在其中发挥重要作用。但是，经济学转变了法学这种事后的损害赔偿思路，转而将研究角度放在了事前，将侵权责任制度的功能目标设定为预防功能，希望通过有效的制度规范引导人们采取一定的预防措施来降低损害的发生概率，进而产生有效率的社会结果。在对侵权责任制度进行经济分析的历程中，因果关系不仅不能激励人们采取预防措施，反而可能因为证明难度大使人们产生免于承担责任的侥幸心理，进一步抑制其对预防成本的投入水平。因果关系无益于侵权责任制度目标的实现，而过错理论的研究恰好围绕预防成本与损害结果二者的关系展开，有利于激励人们对于预防措施的投入，由此，将因果关系转化为过错更加利于制度目标的实现。

兰德斯、波斯纳（2005）指出："如果侵权法的目的是促进经济效率，那么当让被告对损害的结果负责会提升为安全和注意目标的资源配置效率时，他的行为将被视为造成伤害的原因。"他们的这种观点意味着侵害方只有成为事故损失的低成本避免方时，才被认定为"造成"了伤害。可见，在侵权责任制度的经济分析中，因果关系并不能说明任何问题，起决定性作用的是过错，即便有过错而无因果关系，也应承担侵权责任，这是符合效率目标的。而且，经济学上关于过错的最核心内容——汉德公式，将过错的评判标准客观化，使判决不受法官的主观意愿影响，如此一来就在汉德公式的基础上，经济学家们将因果关系转化为过错。假使人们承担侵权责任与否只与过错相关联，过错的评判标准与所采取的预防措施挂钩，这种以过错为核心建立的侵权责任归责制度有利于实现预防功能以及社会效用最大化的目标。

综合以上原因，经济分析中的因果关系可以转化为过错，因此，忽略侵权的因果关系，转而依据过错标准来判定人工智能侵权责任是具有可行性的。传统法学主张因果关系能够转化为过错的观点是基于二者之间有着相当程度的共通性和千丝万缕的联系，而经济学上则是因为将因果关系转化为过错更加有利于实现经济分析的根本目的，这是研究思路的改变，更是制度目标的差异。

第四节　人工智能侵权责任的过错

《中华人民共和国民法典》"侵权责任"编中确立了过错责任原则的一般归责原则地位，也由此确认了过错的侵权责任归责基础，它既是侵权责任的构成要件，又是侵权责任成立的最终构成要件。一般认为，过错可以分为故意和过失两种形态，其中，故意指虽然行为人已对行为后果有所预期，但心理上意图追求或放任其行为后果发生的一种主观标准；过失指行为人由于疏忽或懈怠心理对其行为后果应当预见而未预见，进而未能避免损害之发生的一种客观标准（沃伦，2005）。

一　人工智能侵权过错的解释

人工智能侵权属于侵权行为的一种，故对人工智能过错的界定首先应将其置于侵权责任制度中过错的框架之下。虽然过错具有故意和过失两种形态，但一方面，法学认为侵权法的基本功能之一是补偿功能，即无论侵害人的主观心理是故意还是过失，只要实现有效的补偿，就能发挥侵权法的作用，因而郑玉波（2004）认为"民法上故意与过失原则上同其价值"；另一方面，区别于人类思维，人工智能并无主观心理表现，一切行为皆由程序设定，且人工智能的研发设计以服务人类为目标、以遵守预设的法律道德为底线，人类在人工智能程序的设定过程中势必不会允许人工智能"故意"侵害他人合法权益。因此，若排除人类在事先程序设定中的故意行为，认为人工智能侵权的发生具有偶发性，故意这一主观标准在人工智能侵权责任的认定中无实际意义，则人工智能侵权责任构成要件之过错以过失为主要形态，即采用一种客观的标准对人工智能侵权过错要件进行认定。一般来看，人工智能侵权过失指人工智能的设计者、生产者和使用者等相关主体违反相应的注意义务，可分为两种情况：一种是在人工智能设计或生产过程中，由于设计者、生产者存在疏忽或错误而违反了相关标准，构成人工智能的技术过失或生产过失；另一种是在人工智能运行过程中，由于使用者懈怠或疏忽而违反操作规范所形成的使用过失。相比于一般侵权责任的过失，人工智能侵权具有明显的技术特征，人工智能技术的高度专业性、风险性和不断探索性导致了人工智能相关活动的结果预见和避免的特殊性。

二　传统的过错认定标准

认定行为人是否存在过错，大陆法系和英美法系均采用了抽象的客观标准进行判断，主要考虑行为人是否具有一个在相同情形下合理的人为避免损害发生所应当采取的注意义务（王利明，2016）。不同的是，大陆法系采纳"良家父"标准，即一个具有一般知识和经验的人在诚实地处理事务时所投入的注意水平，并认定行为人未尽到一个疏忽之人可有的注意水平为重过失，未尽到一个"良家父"可有的注意水平为轻过失；而英美法系则适用"合理人"标准，即以一个理性的、谨慎的人的标准来判断行为人的行为是否正当、合理，"合理人"标准具有普适性，多由立法机关制定或由司法判决确定。例如，美国《侵权法重述——纲要》中就确立了"合理人"标准："除非行为人是儿童，否则认定其过失的行为标准是一个处在类似情形下的正常人的行为标准。"虽然两种法系对过失标准的描述各不相同，但其思想内涵是一致的，都是通过客观的方法确定一种行为标准，推定行为人是否达到该有的注意水平，进而认定过失存在与否。这种抽象的客观标准的设定，一方面，能够在引导人们正确地决策和行为的同时，为司法活动提供一定的灵活性，降低交易成本；另一方面，这种抽象标准确立的背后也存在主观性过强的弊端，无论是"良家父"还是"合理人"，都是一种虚拟的标准，现实中人们也无法将全部精力投注在谨慎的注意上，也会受到其他因素的影响。

虽然在《中华人民共和国侵权责任法》或是现行的《中华人民共和国民法典》"侵权责任"编中，均未对过失的判断标准加以明确规定，但是，结合相关制度安排以及司法实践来看，对过失的认定也应当采取客观标准。事实上，在中国大量的法律制度安排中已经确定了注意义务标准，如产品生产、医疗活动、交通运输等领域中已经制定了明确的技术性规则，这些规则对相关行为人提出了明确的注意义务，违反这些规则标准即构成过失。同时，制度也规定了以理性、谨慎的行为人该有的注意义务进行判断的情形，以《中华人民共和国民法典》"侵权责任"编第一千一百九十七条规定①为例，其中所提及的网络服务提供者"知道"就是一种客观地根据一个理性的、谨慎的行为人所应承担的注意义务所提出的判断标准。在某些特殊情况下，由于一些行为人群体的不同特征无法适用一般人的注意义务标准，故需要采用特殊的过失认定标准，显然人工智能侵权就属于这样一种特殊情况。人工智能作为一种专业性极强的技术产物，应当按照专业技术人员通常应具有的注意标准对参与其研发、生产甚至使用过程的相关行为人提出要求，因为基于合理信赖原则，社会一般人对专业人士有着合理的信赖，也就是期待该行为人像专业人士一般进行决策和做出行为，尽到高于其他社会一般人的注意义务（王利明，2016）。不过，当前关于人工智能技术的研发创新仍处于摸索阶段，人们既难以完全驾驭人工智能，也无法准确预测人工智能的发展方向，行为人的预见能力依赖当下的技术水平和自身经验，故行为人势必难以形成有效预期，而且立

① 《中华人民共和国民法典》第一千一百九十七条："网络服务提供者知道或者应当知道网络用户利用其网络服务侵害他人民事权益，未采取必要措施的，与该网络用户承担连带责任。"

法者想要从制度方面前瞻性地对人工智能及相关主体设定明确的注意义务标准也无从谈起，传统的过失认定标准在人工智能领域失去了它本身的功能和作用，但是，法经济学中关于过失的讨论能够为此问题提供新的解决路径。

三　人工智能侵权的过错认定标准

在侵权过失认定中，法定注意标准是一个核心概念，且法定注意标准的设定等同于有效注意水平。法经济学认为侵权法的预防功能优于补偿功能，有效注意水平意味着行为人能够适当地采取减少风险的预防措施，以实现行为自由和社会安全之间的平衡。如果一起事故或某个侵权行为发生后，一方当事人本可以且应当采取预防措施，但是没有采取，可认定这一方当事人就具有过失（威特曼，2006）。有关过失认定标准的经济研究中，以汉德公式最为经典，因为它是最早运用成本收益分析方法来研究过失的。

汉德公式在侵权法的经济分析中具有里程碑式的意义，源于美国法官汉德关于1947年美国政府诉卡洛尔拖船公司一案的判决。法官汉德在汉德公式中将侵权过失用三个变量来衡量，分别是事故发生的概率 P、事故可能造成的损害结果 L 以及采取预防措施所付出的费用即预防成本 B，且汉德对于过失的认定就是通过比较这三个变量数值的大小进行判断（见图3-4）。当侵害人的预防成本小于事故发生概率与相应损害结果的乘积，即 $B < PL$ 时，意味着侵害人的预防成本小于采取预防措施的收益，则认定其行为存在过失，需要承担过错责任，反之，侵害人不应承担侵权责任。汉德公式借助成本收益分析方法，通过一个可预期的注意水平对过失标准进行确定，能够激励理性的行为人采取有效的预防措施时，这与法学上的谨慎注意义务要求异曲同工，且能够为行为人承担责任与否提供客观的认定标准。此标准对人工智能侵权责任案件中的过失认定同样适用，当创新生产者的预防成本小于事故的预期损失而其却没有采取相应

的预防措施时，可以认定其存在过失，应当承担过错责任。

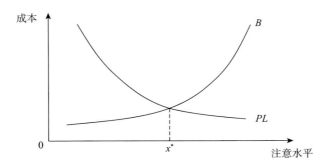

图 3－4　人工智能侵权事故过错责任的汉德公式总量表示

汉德公式从总量上考察了侵权事故的成本和收益，若从边际角度对汉德公式加以分析，能够更好地理解人工智能侵权过失的认定标准。根据汉德公式，假定人工智能侵权案件中的社会成本可以通过改变人工智能创新生产者投入的注意水平来达到最小化的目标，且随着注意水平的不断提高，逐渐降低事故发生概率，因而，汉德公式中的预防成本 B 可以用单位注意成本 ω 与注意水平 x 的乘积表示，事故发生概率可以表示为 $P(x)$，则事故损害成本为 $P(x)L$。假定横轴表示行为人在人工智能相关活动中的注意水平，纵轴表示人工智能侵权的相关成本，图 3－5 中主要包含事故的预防成本和损害成本（为简化分析，假定不存在其他社会成本）。同时，根据社会总成本 SC 等于预防成本和损害成本之和，结合两种成本的变化趋势，可得人工智能侵权损害事故的社会总成本曲线，具体表达式为：

$$SC = P(x)L + \omega x \tag{3.9}$$

由图 3－5 可知，在行为人采取的注意水平由低向高逐步变化的过程中，每增加一单位预防成本的投入所带来的事故发生概率减量是递减的，这就使得社会总成本曲线呈 U 形，因而存在注意水平 x^* 对应社会成本曲线最低点处的注意水平，该注意水平就是社会成本最小时的注意水平。根据社会成本最小化目标，由式（3.9）的一阶条件决定：

$$\omega + P'(x^*)L = 0 \tag{3.10}$$

或

$$\omega = -P'(x)L \tag{3.11}$$

即，当边际注意成本与由预期事故损失减少所获得的边际收益相同时，达到能够实现社会成本最小化的最优注意水平x^*。当$x < x^*$时，每一单位预防成本的额外投入都能收获高于成本的收益，预防水平低于最优注意水平，要求行为人采取更多的预防措施，直至边际成本和边际收益相等，即达到x^*点。当$x > x^*$时，继续加大预防成本的投入只能极少地降低事故发生的概率，每一单位预防成本都明显高于所得收益，预防水平高于最优注意水平。由此，汉德公式也可以表示为：当$\omega < -P'(x)L$①时，即人工智能创新生产者的边际预防成本小于边际收益时，行为人存在过失，应当承担过错责任。

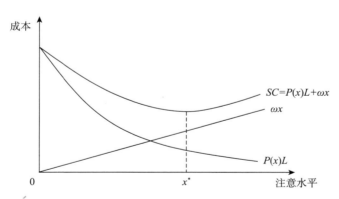

图 3 - 5　人工智能侵权事故过错责任的汉德公式边际表示

完全赔偿前提下的过错责任原则如果以有效注意水平x^*为认定

---

① 小于号右侧P后面的$'$表示函数$P(x)$在x处的曲线斜率，由于该斜率在图 3 - 5 中是负数，故在右侧表达式前补充一个负号，令表达式$-P'(x)$的值为正。

标准，能够给予人工智能侵权案件的侵害双方有效的预防激励。对于侵害人一方，当其注意水平未达到有效注意水平时即存在过错，需要承担侵权赔偿责任，则侵害人为实现自身行为成本最小化目标，会采取更多的预防措施实现有效注意水平 x^*，以免于承担侵权责任。此时，对于受害人来讲，侵害人在汉德公式条件的规制下采取有效注意水平，侵害人无过错就不会对受害人损害进行赔偿，那么，受害人为了最小化自身成本也需要提高注意水平。因此，汉德公式为人工智能侵权过失认定提供了客观标准，且该标准对于侵害双方而言都能够发挥有效的预防激励作用，实现社会总成本的最小化。

第五节 本章小结

本章在传统侵权责任构成要件基础上，结合人工智能侵权的特点，以法经济学视角对人工智能侵权责任的构成要件——责任主体、损害、因果关系和过错分别展开分析。

首先，在人工智能侵权责任主体方面，回答了是否应赋予人工智能法律主体地位以及人工智能侵权事故发生后向谁追责的问题。无论是从法学、法经济学角度还是从马克思主义经济学角度分析，本书都认为不能赋予人工智能法律主体资格：其一，赋予人工智能法律主体资格难以从法理中找到支撑，不但违背人作为法律主体的唯一性，而且人工智能法律主体构成资格不足；其二，人工智能法律地位的确定能影响资源配置效率，基于科斯的交易成本理论，比较人工智能不同法律地位的立法效率、运行效率和激励效率后发现，赋予人工智能法律主体资格将花费更高的交易成本，降低效率；其三，根据马克思异化理论，赋予人工智能法律主体资格将加剧人工智能这一劳动成果与人类劳动者之间的异化关系，二者之间的矛盾会阻碍社会生产力的发展。在不赋予人工智能法律主体资格的前提下，如何合理分配人工智能侵权责任需要对不同情形进行分别讨论：

当能够清晰辨别导致事故的原因时，可依据现有法律对相关主体进行追责；当人工智能自主性或其他不可解释的原因造成侵权损害时，可以向由研究开发者、设计制造者、部署应用者共同构成的创新生产者以连带责任形式进行追责。

其次，在人工智能侵权损害方面，借助经济学的无差异曲线解释损害的含义以及对损害的补偿途径，说明侵权责任制度将社会成本内在化的基本逻辑。进一步地，比较了两种与侵权损害相关的规制机制——事前安全管制和事后损害责任在信息优势、诉讼概率、偿付能力和交易成本等不同因素的影响下，各自能发挥的预防和威慑效率。通过比较分析发现，事前安全管制和事后损害责任两种规制机制各有优劣，因而在人工智能的实际规制中需要将二者有机结合，各取所长。

再次，在人工智能侵权因果关系方面，运用经济学理论和模型解释法学中关于因果关系研究"两分法"下的事实原因和近因，提出能够认定因果关系成立的一般标准。但需要注意的是，在某些特殊情况下，损害的不可预见性会使侵害人无法成为成本最低的事故规避者，因而这种发生概率极低的、不可预见的事故会被排除在责任范围以外。虽然掌握了判定因果关系的一般标准，但因果关系的最终成立与其证明状况也息息相关，合理的证明责任分配方式能够降低交易成本，简化责任认定。若从"向前看"的角度分析证明责任分配方式，通过比较侵害人和受害人的边际效用发现，应将因果关系证明责任更多地分配给人工智能侵权的侵害人一方；若从"回头看"的角度分析证明责任分配方式，运用成本函数可以得到证明责任的最佳分配点 a^*，将研究结论与实际相结合，提出"将人工智能侵权因果关系证明责任中的初步证明责任界定给受害人，在受害人完成举证后由侵害人承担证明不存在因果关系的举证责任"的证明责任分配方式。另外，虽然传统法学将因果关系作为侵权责任认定的构成要件，但考虑因果关系与过错之间的联系以及制度目标等，经济学在分析中将因果关系转化为对过错的认定。

最后，在人工智能侵权过错方面，过错标准给定了行为人应采取的合理注意水平。传统的过错认定标准可以分为"良家父"标准和"合理人"标准，但二者在解决人工智能侵权问题时具有明显的局限性，因而笔者尝试从法经济学路径寻找适用人工智能侵权的过错标准。在汉德公式的基础上，以事故的社会总成本最小化为目标，可以得到行为人的合理注意水平，若行为人采取的注意水平低于合理注意水平，则认定其具有过错；反之，若行为人采取的注意水平不低于合理注意水平，则其不具有过错，在过错责任原则下无须承担侵权责任。

第四章 人工智能侵权责任的归责
原则最优选择

在侵权责任制度的经济分析中，并非像法学一样通过其基本要素来界定"侵权"，而是将侵权责任归责原则的影响加以模型化进行分析。本章将延续法经济学对侵权责任制度的研究路径，在对侵权责任归责原则进行梳理的基础上，构建一个事故风险由行为人注意水平和行为水平共同决定的人工智能侵权责任模型，使人工智能侵权事故主体的行为后果在事前进入双方的决策函数，并通过事故主体不同的策略选择解释归责原则的具体影响机制，探索符合效率的人工智能侵权责任制度归责原则的最优选择。

第一节 人工智能侵权责任归责原则实证分析框架

一 侵权责任归责原则的法学与经济学解释

德国学者拉伦茨将"归责"概括为"负担行为之结果，对受害人而言，即填补其所受之损害"（王泽鉴，1998）。简单来讲，归责原则就是当侵权人行为或物品导致损害他人合法权益的事实发生之后，确定责任归属的依据。在归责原则的具体选择过程中，法律的判断标准究竟应围绕行为人过错，或既发的损害事实，抑或公平为核心来确定行为人所负有的侵权责任，本质上体现了法律的价值判断（王利明，1992）。与此同时，这种价值判断需要通过明确划分权利救济和行为自由的分界线来进一步转化为法律技术，为行为人提供稳定的预期。在侵权法的发展史上，经历了从结果责任原则逐渐过渡到公平责任原则的发展历程，其中，过错责任原则和严格责任原则扮演了重要角色，在中国现行侵权责任制度中也均有体现，《中华人民共和国民法典》中将过错责任原则作为归责原则的一般条款，并将严格责任原则作为特别的归责原则，二者在同一侵权责任制度下并存，形成具有逻辑联系的系统结构。

在法学视阈下，归责原则受民法基本原则的指导，反映出民法平等、公平、诚信的原则和精神，确立合理的归责原则更是实现侵权法填补、转嫁和预防等功能的关键（王成，2019）。但是，在经济学视阈下，归责原则代表的是对权利的初始界定，而不同的初始界定又会引导不同的资源配置结果和经济运行效率。如果要求侵害人承担责任，说明将权利界定给受害人；反之，如果无须侵害人承担责任，则将权利界定给侵害人。结合具体归责原则来看，严格责任要求侵害人承担责任，是无条件地将权利界定给受害人一方；过错责任要求侵害人在未尽合理注意义务时承担责任，是将权利有条件地界定给侵害人一方；若将权利无条件地界定给侵害人一方则是无责任原则。虽然法学上并没有无责任原则的实际应用，但经济学认为无责任也是一种能够影响行为人激励水平的责任形态，与其他归责原则的功能一致，而且在特定情况下也可能是最有效率的责任原则。因此，关于侵权责任归责原则的讨论大多围绕无责任原则、过错责任原则和严格责任原则这三类基础原则展开，本书亦是如此。

卡拉布雷西（2008）强调侵权责任制度以尽可能降低事故成本为最终目标。侵权责任制度根据已有的负外部性活动对相关主体实施惩罚和制裁举措，并对受害人进行补偿，进而实现预防和减少负外部性活动的目标，那么引导行为人采取最优预防成为归责原则选择的核心因素之一。由此，在人工智能侵权责任具体界定问题的讨论中，实现最优预防、合理分配风险是需要解决的问题，其着力点在于选择能够引导效率均衡的归责原则来明确权利（责任）界定，给行为人以明确预期，降低交易成本，实现人工智能侵权事故社会成本的最小化。

二　人工智能侵权责任模型的假定前提

一方面，侵权责任制度通过要求侵害人以向受害人支付赔偿金的方式承担侵权责任，实现救济的同时将损害内部化；另一方面，预期责任的存在能够激励侵害人采取更多预防措施以减少事故的发生，降低事故总成本。可见，虽然侵权责任制度是一种事后规制手段，但归责原则的确定可以在事前为行为人提供准确的责任预期，影响其行为策略选择，实现侵权责任制度的补偿、激励和威慑功能。

基于以上事实，构建事故风险由行为人注意水平和行为水平共同决定的人工智能侵权责任模型，使人工智能侵权事故当事人的行为后果在事前进入双方的决策函数，通过对各行为人不同的策略选择解释不同归责原则的影响机制。具体思路如下：首先，寻找人工智能侵权责任模型的社会最优解，包括注意水平、使用水平、创新水平和技术安全标准的效率值；其次，分析归责原则对当事人行为决策过程的激励机制，得到均衡时的资源配置结果；最后，将归责原则所引导的资源配置结果与社会最优解进行比较。

模型的构建将基于一个局部均衡的完全竞争市场框架，其中创新生产者 A 和使用者 B 之间事先存在一种围绕人工智能产品或服务展开的市场交易，但双方对人工智能技术风险和安全信息的掌握是不对称的，由于使用者对于该技术致损风险信息的了解具有滞后性，在信息不完全的情况下，使用者无法准确辨别技术风险；相反，创新生产者则能够较为全面地了解和掌握人工智能技术风险和安全信息。另外，对于人工智能侵权责任制度的执行者——法院，将基于完全信息假设并以社会总福利最大化为目标提出符合最优标准的法定注意水平，不考虑司法成本。

假定所有参与人均为理性人①且风险中性②，同时在不考虑保险效应③的前提下具有全额赔偿的支付能力。人工智能侵权事故所涉及的主体包括侵害人和受害人两种类型，其中，侵害人主要指创新生产者，而受害人则可区分为使用者和第三人两种，二者的根本区别在于人工智能技术风险的高低会对使用者的使用意愿产生影响。

首先，对模型的主要变量做如下定义。

x = 创新生产者为防止人工智能侵权事故发生而投入的注意水平，比如对人工智能技术使用的说明程度，$x \geq 0$。

y = 使用者为防止人工智能侵权事故发生而投入的注意水平，比如使用前阅读说明的认真程度，$y \geq 0$。

z = 第三人为防止人工智能侵权事故发生而投入的注意水平，比如在马路上行驶的过程中对自动驾驶汽车的注意程度。

k = 技术研发强度，即创新水平。

q = 人工智能使用水平。

根据以上变量，提出：

【定义4-1】当且仅当市场达到均衡时，能够引导实现有效率的行为人注意水平（x^*、y^*、z^*）、最优均衡使用水平 q^* 以及最优创新水平 k^* 的归责原则，才是符合效率标准的最佳人工智能侵权责任归责原则。

进一步对人工智能侵权事故的事故主体、损害及责任等要素做出如下假设。

1. 侵害人

所有人工智能创新生产者均为同质。以单个创新生产者为例，

---

① 参与者在决策时能够计算其各种行为的成本和收益，并且能够从中选出实现最大净收益的选项。

② 主体的效用被认为等于其所拥有利益的数量，预期效用等于其所拥有利益的预期数量。

③ 保险并不能防范所有风险，且保费价格昂贵。即使企业能够完全通过保险转移赔偿风险，但仍旧需要付出其他的法律成本。

其所面临的成本主要包括生产成本和注意成本两部分。

其一，生产成本函数为 $C = F(q) + K(k,q)$，覆盖了生产和创新两个环节。$F(q)$ 指的是人工智能创新生产者在一般性生产过程中所耗费的成本，构成人工智能产品或服务生产中的一般成本，且满足 $F'_q > 0$，意味着一般成本随着人工智能使用水平的提高而增加。$K(k,q)$ 表示不同创新强度和数据量组合在每一期创新生产者生产过程中所耗费的最小创新成本，首先，人工智能在不同使用水平 q 下会获得不同的数据量 Q，二者之间存在正比例关系，可以将这种关系表示为 $Q(q) = q$，且 $Q'_q > 0$；其次，人工智能技术创新需要足够的数据予以支持，较高的创新水平需要较多的数据，而较高的创新水平和较多的数据又要求较高的创新成本，因此，对于创新成本来说，可以表示为：$K[k, Q(q)] = K(k,q)$，且 $K'_k > 0$，$K'_q > 0$。

其二，单位注意成本 $A(x)$ 是关于 x 的函数，在给定其他人注意水平不变的前提下，$A(x)$ 关于投入注意水平 x 的边际成本递增，即 $A'_x > 0$，$A''_{xx} > 0$。

2. 受害人

所有人工智能使用者均为同质。以代表性的单个使用者为例，其通过使用人工智能可以获得的效用为 $U(q)$，且效用水平会随人工智能技术使用水平的提高而以递减的速度提高，即 $U'_q > 0$，$U''_{qq} < 0$。另外，与创新生产者相同的是，使用者的单位注意成本 $B(y)$ 以及第三人的单位注意成本 $T(z)$ 同样满足 $B'_y > 0$，$B''_{yy} > 0$，$T'_z > 0$，$T''_{zz} > 0$。

3. 人工智能侵权事故预期损害

一项人工智能产品或服务除在不同技术风险下可能造成的损害有所差异外，各方面均为同质。人工智能可能因其设计缺陷或自主性等原因侵害到使用者或第三人的合法权益，形成一个预期的损失 $L(q)$，其损害的严重程度与技术的使用水平相关，随着使用水平的提高，其带来的预期损失数额增多，即 $L'_q > 0$。

4. 人工智能侵权事故损害概率

首先，客观地对人工智能技术设定一个安全水平标准 $s = s(x, y)$，安全水平标准会随着各主体所投入的注意水平的提高而以递减的速度提高，即 $s'_x > 0$、$s'_y > 0$、$s''_{xx} < 0$、$s''_{yy} < 0$、$s''_{xy} < 0$。

人工智能致使侵权损害行为发生的概率受技术安全水平标准的影响，将其表示为 $p(s)$，并有 $p(s) \in (0,1)$。由此，安全水平标准越高，损害发生概率越低，即 $p'_s < 0$。进一步将 $s = s(x,y)$ 代入，可得：$p(s) = p[s(x,y)] = p(x,y)$，且 $p'_x < 0$、$p'_y < 0$，意味着在给定一方主体的注意水平的同时提高另一方的注意水平，能够降低侵权事故发生的概率。基于以上条件，可进一步将人工智能侵权事故损害的预期值表示为 $p(x,y)L(q)$。

进一步地，提出

【假设 4 – 1】$\forall x, x', y, y' \in [0, +\infty)$，有以下关系成立：

①当 $x < x'$ 时，$0 < s(x,y) \leqslant s(x',y)$；

②当 $y < y'$ 时，$0 < s(x,y) \leqslant s(x,y')$。

【假设 4 – 2】$\forall x, y \in [0, +\infty)$，有 $0 < s(x,y) \leqslant s(x^*, y^*)$ 成立。

【假设 4 – 3】$\forall x, x', y, y' \in [0, +\infty)$，$q \in [0, +\infty)$，有以下关系成立：

①当 $x < x'$ 时，$0 < p(x',y)L(\dot{q}) \leqslant p(x,y)L(\dot{q})$；

②当 $y < y'$ 时，$0 < p(x,y')L(\dot{q}) \leqslant p(x,y)L(\dot{q})$。

考虑包含各主体投入注意水平以及预期损失在内的事故总成本，有：

【假设 4 – 4】$\forall x, y \in [0, +\infty)$，$q \in [0, +\infty)$，满足关系式：

$$0 < A(x^*) + B(y^*) + p(x^*, y^*)L(\dot{q}) \leqslant A(x) + B(y) + p(x,y)L(\dot{q})。$$

5. 归责原则

人工智能侵权责任制度的归责原则是界定事故损失在侵害人和

受害人之间分配比例的标准，同时归责原则的形式也是多样的，既包括只需要规定事故单方合理注意义务标准的无责任原则、简单的过错责任原则和严格责任原则，又包括需要同时规定双方合理注意义务标准的与有过失抗辩的过错责任原则、相对过失责任原则等。对于侵权事故造成的损失，由侵害人承担损失的比例为 α，由受害人承担损失的比例为 $(1-\alpha)$。那么，不同的归责原则可以分别表示为：无责任原则下，侵害人不承担任何侵权责任，即 $\alpha=0$；严格责任原则下，侵害人需要承担全部的侵权责任，即 $\alpha=1$；相对过失责任原则下，侵害人和受害人双方需要依据各自过错程度承担相应责任。

6. 人工智能的价格

在人工智能交易市场中，交易双方决策所依据的价格并不总是相同的，生产者根据利润最大化目标对人工智能技术进行定价，而使用者面对技术的"完全价格"进行决策。对人工智能创新生产者来说，由于完全竞争市场下，其利润为零，故人工智能的市场价格可以用平均成本表示。对于人工智能使用者来说，选择使用人工智能所依据的是技术的"完全价格"而非生产者给定的市场价格，"完全价格"涵盖人工智能的市场价格和使用者可能要承担的预期事故损失两个方面。根据这一前提，当受害人为第三人时，使用者不需要考虑人工智能技术风险，故面对的价格与生产者的定价一致；当受害人为使用者本身时，使用者需要考虑人工智能技术风险信息，会将预期损害成本纳入购买成本之中，即根据人工智能的"完全价格"做出使用决策。

第二节　受害人为第三人的人工智能侵权 责任归责原则选择

考虑人工智能侵权事故发生在创新生产者与非使用者的第三人

之间的情况，比如机器人在未接收任何指令时的行为造成了第三人的财产损失，此时的事故责任介于机器人的生产者与权益受损的第三人之间，应该以何种归责原则为依据进行规制是需要解决的问题。为简化分析，假设此时使用者对额外的事故信息并不敏感，因而人工智能的风险信息并不影响使用者的行为决策，表现为人工智能的使用水平不变化。[①] 所以，基于该假设，使用者无须掌握人工智能技术的全部风险信息，掌握完全信息与否将对本节分析结论无明显影响。

一 单方性事故

人工智能侵权单方性事故指事故发生风险仅与一方当事人的行为相关，即事故本身是单方的。那么，在单方性事故下，假设只有创新生产者的行为会对侵权事故风险造成影响，则事故发生的概率和预期损失分别为 $p(x)$ 和 $p(x)L(q)$。

1. 社会最优解

首先，考虑创新生产者的决策函数。创新生产者的私人成本为生产成本、注意成本和预期责任成本三个部分之和。

$$C^A = F(q) + K(k,q) + A(x)q + \alpha p(x)L(q) \tag{4.1}$$

其次，使用者通过使用人工智能可获得的净收益等于总效用减去预期事故损失，可表示为：

$$R^B = U(q) - (1 - \alpha)p(x)L(q) \tag{4.2}$$

人工智能侵权事故的社会总成本由生产成本、注意成本和事故成本所组成，表示为三者之和：

$$CS(k,q,x) = F(q) + K(k,q) + A(x)q + p(x)L(q) \tag{4.3}$$

---

① 虽然在实际生活中，此类事故的发生所带来的信息反馈对使用者也可能会产生影响，但该影响与受害人是使用者本身相比会弱得多，因而此处给定无影响假设。

因此，当受害人为第三人时，单方性人工智能侵权事故发生以后的社会总福利函数变为：

$$W(k,q,x) = U(q) - F(q) - K(k,q) - A(x)q - p(x)L(q) \qquad (4.4)$$

根据社会最优目标——社会福利的最大化或社会总成本的最小化，即，

$$MaxW(k,q,x) = Max[U(q) - F(q) - K(k,q) - A(x)q - p(x)L(q)] \qquad (4.5)$$

或

$$MinCS(k,q,x) = Min[F(q) + K(k,q) + p(x)L(q) + A(x)q] \qquad (4.6)$$

综上所述，在受害人为第三人的单方性事故中，能够满足一阶条件式（4.7）、式（4.8）和式（4.9）成立的（k^*, q^*, x^*）就是实现目标函数（4.5）的社会最优解[①]：

$$K'_k(k^*, q^*) = 0 \qquad (4.7)$$

$$U'_q(q^*) - F'_q(q^*) - K'_q(k^*, q^*) - A(x^*) - p(x^*)L'_q(q^*) = 0 \qquad (4.8)$$

$$- A'_x(x^*)q^* - p'_x(x^*)L(q^*) = 0 \qquad (4.9)$$

在最优解这一点，同样能够获得有效率的安全水平标准 $s^* = s(x^*)$，而且有边际成本等于边际收益，进一步理解为单位注意成本的增加值与单位预期事故成本的减少值相等。基于上述研究思路以及所得的社会最优解，继续分别求解不同归责原则所引导的市场均衡，并通过将不同归规原则所引导的市场均衡解与社会最优解进行比较，来寻找符合效率标准的人工智能侵权责任制度归责原则。

2. 无责任原则

在无责任原则的规制下，创新生产者无须对人工智能侵权损害

---

① 假定满足二阶条件成立，即，

$$K''_{kq}(k,q) - K''_{kk}(k,q) + 1 < 0$$

$$U''_{qq}(q) - F''_{qq}(k,q) - K''_{qq}(k,q) - p(x)L''_{qq}(q) + [p'_x(x)L'_q(q) + A'_x(x)]^2 + 1 < 0$$

$$1 - A''_{xx}(x)q - p''_{xx}(x)L(q) < 0$$

承担任何责任，因此为实现其自身成本的最小化，创新生产者不会采取任何预防措施，即其注意水平 $\bar{x} = 0$，则有 $\bar{s} = \bar{s}(\bar{x}) = s(0) < s^*$，意味着在无责任下的单方性事故中，无法实现最优的技术安全标准。

当创新生产者在无责任原则规制下不投入注意成本时，其成本函数只包含生产成本 $C = F(q) + K(k,q)$，并且，此时人工智能市场价格为 $\bar{P} = \dfrac{F(q) + K(k,q)}{q}$。同时，在人工智能市场中，使用者将以自身收益最大化为目标进行使用水平的选择：

$$\mathrm{Max}W(k,q) = \mathrm{Max}[U(q) - \bar{P}q] \qquad (4.10)$$

求解式（4.10）后与社会最优解进行比较，可以发现 $\bar{q} > q^*$、$\bar{k} > k^*$，表明在无责任原则规制下，使用者对人工智能的使用水平将高于社会最优的使用水平，且创新生产者的创新水平也高于最优的创新水平。这是因为无责任原则规制下的人工智能市场价格更低，会激励使用者选择更加频繁地使用人工智能，并且创新生产者因缺乏侵权责任的约束，选择以更高强度进行创新，造成社会资源的浪费。

3. 过错责任原则

在过错责任原则下，当事人仅需要在自身存在过错的情况下承担侵权责任，而且认定行为人具有过错的标准可以被简单理解为该行为人的注意水平未能达到司法部门所规定的合理注意水平[①]标准 $\hat{x}$。

当人工智能侵权事故发生仅受创新生产者的行为水平影响时，如果其至少采取合理注意水平 $\hat{x}$，即认定其不存在过错，相应的侵权责任应由受害人自行承担；反之，若其所选择的注意水平未能达到合理注意水平的要求，则侵权后果由侵害人承担。进一步地，创新生产者的成本函数为：

---

① 假定法定的合理注意水平与第三章中所确定的有效注意水平相同。

$$C^A = \begin{cases} F(q) + K(k,q) + A(x)q + p(x)L(q) & 0 \leqslant x < \hat{x} \\ F(q) + K(k,q) + A(x)q & x \geqslant \hat{x} \end{cases} \qquad (4.11)$$

由于 $K(k,q)$ 表示在不同创新强度和数据量组合情况下创新生产者每一期生产所耗费的最小创新成本，所以，如果考虑创新生产者的单位生产成本，也就是令 $q = 1$ 时，由使用水平决定的数据量固定，而且此时创新强度因受限于数据量也保持不变，则创新生产者的创新成本为固定值，可记为 u。此时，考虑人工智能单位生产成本最小化目标，即

$$\mathrm{Min}\frac{C^A}{q} = \begin{cases} \mathrm{Min}[F(1) + u + A(x) + p(x)L(1)], & 0 \leqslant x < \hat{x} \\ \mathrm{Min}[F(1) + u + A(x)], & x \geqslant \hat{x} \end{cases} \qquad (4.12)$$

结合图 4-1，已知 R 点的左半部分和 S 点的右半部分曲线分别为创新生产者的单位生产成本曲线，则不难解出，创新生产者会选择采取合理注意水平 $x = \hat{x} = x^*$ 以达到令自身免于承担人工智能侵权事故赔偿责任的目的。此时，人工智能的价格同样低于社会最优均衡时的市场价格，进而可以得出 $\hat{q} > q^*$、$\hat{k} > k^*$。

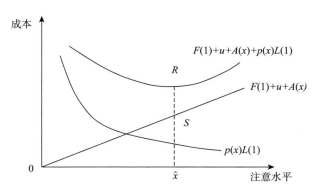

图 4-1　单方性事故中创新生产者的单位生产成本

4. 严格责任原则

严格责任原则与无责任原则相互呼应，要求只要发生人工智能侵权事故，创新生产者就需要对事故损失负有全部责任。不同于前述假设，在严格责任原则规制下，当由创新生产者承担全部的事故

责任时，其成本函数变为：

$$C^A = F(q) + K(k,q) + p(x)L(q) + A(x)q \tag{4.13}$$

进一步地，创新生产者将通过改变价格的方式将事故成本向外转移，则在严格责任原则下，人工智能的市场均衡价格 $\tilde{P}$ 将根据成本函数给定：

$$\tilde{P} = \frac{F(q) + K(k,q) + p(x)L(q)}{q} + A(x) \tag{4.14}$$

而使用者的决策过程同样是以自身净收益最大化为目标决定均衡使用水平 $\tilde{q}$，则使用者的目标函数为：

$$\operatorname{Max} R^B = \operatorname{Max}[U(q) - \tilde{P}q]$$
$$= \operatorname{Max}[U(q) - F(q) + K(k,q) - A(x)q - p(x)L(q)] \tag{4.15}$$

经过整理发现，此时使用者的目标函数与社会最优解中的式（4.5）形式相同，故可知，有 $\tilde{q} = q^*$、$\tilde{k} = k^*$、$\tilde{x} = x^*$ 成立，且有 $\tilde{s}(\tilde{x}) = s^*$。也就是说，当事故发生仅受创新生产者的注意水平影响时，严格责任原则引导的资源配置结果符合社会最优效率目标，既能够激励行为人采取有效预防措施，又能够将人工智能的使用和创新引导至社会最优水平，利于经济社会发展。

5. 结论

根据以上分析，可以得到如下结论。

在受害人为非人工智能使用者的第三人且事故发生仅受创新生产者行为影响的单方性事故中，在无责任原则下，侵权责任制度未能给予创新生产者有效的预防激励，创新生产者不会施加任何注意，最终导致社会处于人工智能的过度使用和过度创新之中，而且技术安全标准也低于社会最优标准；在过错责任原则下，虽然能够激励行为人选择投入社会最优的注意水平，但仍存在过度使用和过度创新的问题；在严格责任原则下，侵权责任制度能够对创新生产者产生有效激励，使其施加社会最优的注意水平，且实现社会最优的使用水平和创新水平。相应地，过错责任原则和严格责任原则都能够实现达到社会最优的技术安全标准的目的。由此可见，侵权责任制度的归责原则能够调整行为人的私人收益与成本，使之与社会目标相一致，只有当决策人将其行为的收益和成本内部化时，激励机制才符合效率标准。那么，根据【定义 4－1】，在人工智能侵权事故的受害人为非人工智能使用者的第三人的单方性事故中，严格责任原则是能够实现经济效率目标的人工智能侵权责任归责原则，该原则能够引导市场均衡条件下的行为人的注意水平、使用水平、创新水平和技术安全标准均达到社会最优水平。

二　双方性事故

人工智能侵权双方性事故指的是人工智能侵权事故发生会同时受到双方当事人预防行为选择的影响，即双方注意水平的提高都将发挥减小事故发生概率的效用。并且，在双方性事故中，当受害人以某种确定方式采取行动时，另一方同样会做出特定的行为决策；反之，当侵害人以某种方式行为，受害人也会按特定方式行为，即事故主体行为间相互依赖，此时双方均没有改变其行为的动机，具备以上特征的状态即为均衡（萨维尔，2004）。根据前文定义和假设可知，此时人工智能侵权事故发生的概率和造成的损害分别为 $p(x,z)$ 和 $L(q)$。

1. 社会最优解

由于事故损害发生在第三人身上，并不影响使用者的使用水平，因此考虑人工智能侵权事故的社会总成本为：

$$CS(q,x,z) = A(x)q + T(z)q + p(x,z)L(q) \qquad (4.16)$$

侵权责任制度的目标是尽可能地降低侵权事故造成的总成本，即最小化式（4.16）后得到：

$$\text{Min}[CS(q,x,z)] = \text{Min}[A(x)q + T(z)q + p(x,z)L(q)] \qquad (4.17)$$

因此，能够满足式（4.18）、式（4.19）和式（4.20）中一阶条件的（x^*, z^*, q^*）能够使资源配置达到最优，该解就是受害人为第三人的双方性事故情况下的社会最优解[①]：

$$A(x^*) + T(z^*) + p(x^*, z^*) L'_q(q^*) = 0 \qquad (4.18)$$

$$A'_x(x^*) q + p'_x(x^*, z^*) L(q^*) = 0 \qquad (4.19)$$

$$T'_z(z^*) q + p'_z(x^*, z^*) L(q^*) = 0 \qquad (4.20)$$

在受害人为第三人的情况下，双方性事故中的人工智能市场主体行为决策与单方性事故中是一致的[②]，即由市场主体行为决策决定的 k 和 q 只是与不同的归责原则相关联，这是因为第三人的事故成本无法反映在市场交易主体的反应函数中。进一步，基于社会最优解，重点讨论不同归责原则对事故各方主体注意水平的激励效应。

2. 无责任原则

在无责任原则规制下，当人工智能侵权事故发生时，考虑创新生产者的决策：由于创新生产者无须对事故承担任何责任，则无论第三人作何决策，创新生产者都不会投入任何注意成本，即 $\bar{x} = 0$，以达到尽可能降低自身成本的目的。但是，除创新生产者以外，第三人也可以通过采取一定的预防措施来降低事故发生的可能，此时第三人的目标函数可以表示为：

$$\text{Min}[T(z)q + p(0, z)L(q)] \qquad (4.21)$$

对于第三人来讲，使用水平和创新水平由外生给定，因而结合【假设 4 - 4】和【假设 4 - 5】可得，第三人将选择 $\bar{z} = z^*$ 作为自身注意水平

---

① 同时满足二阶充分条件如下：

$$p(x, z) L''_{qq}(q) - [A'_x(x) + p'_x(x, z) L'_q(q)]^2 - 1 > 0$$

$$A''_{xx}(x)q + p''_{xx}(x, z)L(q) - [p''_{xx}(x, z)L(q)]^2 - 1 > 0$$

$$T''_{zz}(z)q + p''_{zz}(x, z)L(q) - [T'_z(z) + p'_z(x, z) L'_q(q)]^2 - 1 > 0$$

② 虽然此处并未在方程中体现出创新水平 k 的约束条件，但根据生产者的成本函数同样可以进行预测。

以最小化成本。

由于不投入任何注意是无责任原则下创新生产者的占优策略，则 $\bar{x}=0$ 恒成立，技术安全水平标准 $\bar{s}=\bar{s}(0,\bar{z})<s^*(x^*,z^*)=s^*$，同样未能达到社会最优的安全水平标准。同时，已知在该归责原则条件下，对人工智能的使用水平和创新水平的决策分析过程与前文中对单方性事故的分析一致，则根据前文分析结论，依然有 $\bar{q}>q^*$、$\bar{k}>k^*$，并不是社会最优使用水平和创新水平。

3. 过错责任原则

过错责任原则指的是若事故当事人创新生产者或第三人未能按法定的合理注意义务标准进行活动，则需要承担相应的侵权事故责任。不过，在双方性事故中，过错责任原则又会根据情况的不同分为几种类型，如简单的过错责任原则、与有过失抗辩的过错责任原则以及相对过失责任原则等，具体表现为相应的事故责任在双方不同注意水平下可能全部由侵害人承担，也可能全部由受害人承担，还可能由双方按比例承担。

假定法院分别确立了创新生产者和第三人（使用者）两方主体的合理注意标准，分别记为 $\hat{x}$、$\hat{z}(\hat{y})$。不同归责原则下的双方事故责任分区如图4-2所示。

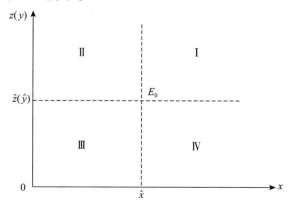

图4-2 过错责任原则下双方事故责任分区

（1）简单的过错责任原则

简单的过错责任原则具体指无论受害人的注意水平如何，当且仅当侵害人的注意水平低于法定标准时才负有侵权责任，即对应图 4-2 中的第 Ⅱ、Ⅲ 象限作为创新生产者的责任区。首先，考虑简单的过错责任原则下创新生产者的成本为：

$$C^A = \begin{cases} F(q) + K(k,q) + A(x)q + p(x,z)L(q), & 0 \leqslant x < \hat{x} \\ F(q) + K(k,q) + A(x)q, & x \geqslant \hat{x} \end{cases} \quad (4.22)$$

创新生产者为实现自身成本最小化的目标，会选择将自身注意水平确立在 $x = \hat{x}$ 的水平上，因而，在简单的过错责任 $\hat{x} = x^*$ 成立的情况下，创新生产者一定会选择最优注意水平。在已知创新生产者为使自己免于承担责任而做出 $x = \hat{x} = x^*$ 的决策的前提下，考虑第三人的行为决策。对于第三人来讲，由于创新生产者达到了法定注意水平而不存在过错，则预期损害将由第三人全部承担，因而，简单的过错责任原则令第三人内部化侵权事故成本，并形成有效激励，第三人同样会选择以法定注意标准 $\hat{z}$ 作为决策结果。同理，在 $\hat{z} = z^*$ 成立的情况下，第三人同样会选择最优注意水平。换言之，当且仅当事故双方法定注意标准 $\hat{x} = x^*$、$\hat{z} = z^*$ 时，适用简单的过错责任原则能够对事故双方产生有效率的预防激励。

（2）与有过失抗辩的过错责任原则

与有过失抗辩的过错责任原则指当侵害人有过错且受害人无过错时，由侵害人承担侵权责任，也就意味着有过错的侵害人可以通过证明受害人存在过错来免除自身法律责任。与图 4-2 联系起来可以发现，若创新生产者有过错，即其注意水平 $x < \hat{x} = x^*$，且第三人无过错，即其注意水平满足 $z \geqslant \hat{z} = z^*$，则由创新生产者承担人工智能侵权责任，对应图 4-2 中的第 Ⅱ 象限；若创新生产者无过错，即其注意水平满足 $x \geqslant \hat{x} = x^*$，或第三人有过错，即其注意水平 $z < \hat{z} = z^*$，则由第三人承担人工智能侵权责任，对应图 4-2 中的第

Ⅰ、Ⅲ、Ⅳ象限。

此时，根据不同象限责任的划分，可以得出如图 4 - 3 所示的成本矩阵，在每个小矩阵内左上方的表达式代表侵害人即创新生产者的预期成本，右下方的表达式则代表受害人即第三人的预期成本。

受害人

侵害人		$0 \leqslant z < \hat{z} = z^*$	$z = \hat{z} = z^*$
	$0 \leqslant x < \hat{x} = x^*$	$A(x)q$, $p(x,z)L(q)+T(z)q$	$p(x,z^*)L(q)+A(x)q$, $T(z^*)q$
	$x = \hat{x} = x^*$	$A(x^*)q$, $p(x^*,z)L(q)+T(z)q$	$A(x^*)q$, $p(x^*,z^*)L(q)+T(z^*)q$

图 4 - 3　与有过失抗辩的过错责任原则下的成本矩阵

首先，考虑第三人的决策过程。根据式（4.16），可得到变形后的表达式为：

$$CS(q,x,z) - A(x)q = T(z)q + p(x,z)L(q) \tag{4.23}$$

并且在 $(\dot{q},x^*,z^*)$ 处可获得最小的预期侵权事故总成本。那么，当创新生产者选择的注意水平为 $x < \hat{x} = x^*$ 时，由于存在式（4.24）的不等式关系，故此时第三人会选择自身成本更低的 $z = \hat{z}$；当创新生产者选择的注意水平为 $x = \hat{x} = x^*$ 时，由于存在式（4.25）的不等式关系，此时第三人同样会选择成本更低的 $z = \hat{z}$。

$$CS(q,x,z) - A(x)q > CS(\dot{q},x^*,z^*) - A(x^*)q > T(z^*)q \tag{4.24}$$

$$CS(q,x^*,z) - A(x^*)q > CS(\dot{q},x^*,z^*) - A(x^*)q \tag{4.25}$$

所以，从第三人的角度来看，无论创新生产者的行为是否存在过错，即无论创新生产者投入的注意水平如何，理性行为人都一定会选择法定注意水平 $\hat{z}$，以确保自己所付出的事故成本最低，即 $z = \hat{z} = z^*$ 是第三人的严格优势策略。

其次，考虑创新生产者的决策过程。对于创新生产者来讲，最

希望达成的均衡是 ($x < \hat{x} = x^*$, $z < \hat{z} = z^*$)，此时其预期成本甚至可以为零。但是，创新生产者的策略选择会受到第三人的影响。根据分析，在已知第三人将一直采取合理注意水平的前提下，比较图 4 - 3 中最后一列所给出的关于创新生产者不同选择所要付出的预期成本大小，可得：

$$p(x,z^*)L(q) + A(x)q = CS(q,x,z^*) - T(z^*)q >$$
$$CS(\dot{q},x^*,z^*) - T(z^*)q > A(x^*)q \qquad (4.26)$$

因而，当创新生产者预期到第三人的选择时，也一定会选择投入 $x = \hat{x} = x^*$ 的注意水平。此时的均衡解为 ($x = \hat{x} = x^*$, $z = \hat{z} = z^*$)，即侵权事故双方都将采取最优注意水平。换言之，当且仅当事故双方的法定注意标准为 $\hat{x} = x^*$、$\hat{z} = z^*$ 时，适用与有过失抗辩的过错责任原则能够对事故双方产生有效率的预防激励，实现社会最优注意水平。

（3）相对过失责任原则

相对过失责任原则具体指，当人工智能侵权事故双方均存在过错的情况下，将根据双方的过失程度划分责任承担比例，并各自按比例承担损害成本，意味着创新生产者可以通过证明第三人的注意水平低于法定注意标准从而使自己免除全部或部分事故责任。相应地，当创新生产者有过错，即他的注意水平 $x < \hat{x} = x^*$，且第三人无过错，即其注意水平 $z \geqslant \hat{z} = z^*$ 时，由创新生产者承担全部的人工智能侵权责任，对应图 4 - 2 中的第 Ⅱ 象限；当创新生产者无过错，即他的注意水平 $x \geqslant \hat{x} = x^*$，且第三人有过错，也就是他的注意水平 $z < \hat{z} = z^*$ 时，则由第三人承担全部侵权责任，对应图 4 - 2 中的第 Ⅰ 象限和第 Ⅳ 象限；当创新生产者有过错，即他的注意水平 $x < \hat{x} = x^*$，且第三人也有过错，即他的注意水平 $z < \hat{z} = z^*$ 时，创新生产者和第三人之间按一定比例分配事故责任，对应图 4 - 2 中的第 Ⅲ 象限。

假定在第 Ⅲ 象限情形下的责任分配比例分别为 β 和 ($1 - \beta$)，有如图 4 - 4 所示的成本矩阵。和前面关于与有过失抗辩的过错责任原则的分析逻辑一致，通过对第三人的成本分析可以发现，$z = \hat{z} = z^*$ 在相对过失责任原则下仍然是第三人的严格优势策略。而创新生产者在能够预测到第三人的决策后，同样会选择 $x = \hat{x} = x^*$，进而达到均衡点（$x = \hat{x} = x^*, z = \hat{z} = z^*$）。

受害人

		$0 \leqslant z < \hat{z} = z^*$	$z = \hat{z} = z^*$
侵害人	$0 \leqslant x < \hat{x} = x^*$	$A(x)q + \beta p(x,z)L(q),$ $(1-\beta)p(x,z)L(q) + T(z)q$	$p(x,z^*)L(q) + A(x)q,$ $T(z^*)q$
	$x = \hat{x} = x^*$	$A(x^*)q,$ $p(x^*,z)L(q) + T(z)q$	$A(x^*)q,$ $p(x^*,z^*)L(q) + T(z^*)q$

图4-4　相对过失责任原则下的成本矩阵

综上所述，在双方性事故的过错责任原则下，无论是简单的过错责任原则、与有过失抗辩的过错责任原则还是相对过失责任原则，都能够对侵害双方主体给予有效率的预防激励，引导其采取社会最优的注意水平，同时有 $\hat{s} = \hat{s}(\hat{x},\hat{z}) = s^*(x^*,z^*) = s^*$，技术安全标准也能够达到社会最优水平。不过，根据单方性事故中的结论可知，过错责任原则无法引导有效率的使用水平和创新水平。

4. 严格责任原则

（1）简单的严格责任原则

在简单的严格责任原则下，只要人工智能发生侵权事故，创新生产者就要承担全部的侵权责任，而不论受害人一方是否已经采取了合理注意。由此，在第三人无论怎样决策都能够从创新生产者处获得完全损害赔偿的前提下，为了减少自身成本的付出，第三人将不投入任何的注意，即 $\tilde{z} = 0$。同时，创新生产者所面临的成本为：

$$C^A = F(q) + K(k,q) + A(x)q + p(x,0)L(q) \qquad (4.27)$$

q 由完全竞争市场决定，创新生产者将进一步调整对预防的投入以实现成本最小化，即

$$\text{Min } C^A = \text{Min}[F(\dot{q}) + K(\dot{k},\dot{q}) + A(x)q + p(x,0)L(\dot{q})] \qquad (4.28)$$

对式（4.28）求解，可得 $\tilde{x} = x^*$。不过，由于 $\tilde{s} = \tilde{s}(\tilde{x},\tilde{z}) = \tilde{s}(\tilde{x},0) < s^*$，技术安全标准未达到社会最优水平。

（2）与有过失抗辩的严格责任原则

在该责任原则下，只要第三人无过错，无论创新生产者的注意水平如何，最终都由创新生产者承担全部侵权责任，对应图 4-2 中的第 I 、II 象限；反之，当第三人有过错时，则由第三人来承担全部责任，对应图 4-2 中的第 III 、IV 象限。在与有过失抗辩的严格责任原则下人工智能侵权事故双方的成本由图 4-5 体现，根据前文的分析可知，第三人将选择占优策略 $z = \tilde{z}$，并且第三人无须承担任何侵权责任。在掌握第三人的决策后，创新生产者为实现成本最小化的目标，将选择 $\tilde{x} = x^*$。于是，在与有过失抗辩的严格责任原则下，只要第三人的法定注意水平与有效率的合理注意水平相一致，就能够引导创新生产者和第三人选择社会最优的注意水平，达到有效率的均衡点，同时获得最优技术安全标准 $\tilde{s} = \tilde{s}(x^*,z^*) = s^*$。

		受害人	
		$0 \leqslant z < \tilde{z} = z^*$	$z = \tilde{z} = z^*$
侵害人	$0 \leqslant x < x^*$	$A(x)q,$ $\quad p(x,z)L(q)+T(z)q$	$p(x,z^*)L(q)+A(x)q,$ $\quad T(z^*)q$
	$x = x^*$	$A(x^*)q,$ $\quad p(x^*,z)L(q)+T(z)q$	$A(x^*)q+p(x^*,z^*)L(q),$ $\quad T(z^*)q$

图 4-5 与有过失抗辩的严格责任原则下的成本矩阵

（3）相对过失抗辩的严格责任原则

与前者不同之处在于，在相对过失抗辩的严格责任原则下，如果受害人的注意水平低于合理注意水平的话，则第三人需要承担事故损失的一部分 θ，且 $\theta \in (0,1)$。具体地，若第三人无过错，则创新生产者承担全部责任，对应图 4-2 中的第 I 、II 象限；若第三人有过错，则创新生产者和第三人之间需要进行责任分配，图 4 - 2 中的第Ⅲ、Ⅳ象限即为创新生产者和第三人的共同责任区域。

随着 $x \to \tilde{x}$，有 $\theta \to 1$ 成立，则通过前面类似于应用与有过失抗辩的严格责任原则对事故双方激励效果的分析可以证明，在相对过失抗辩的严格责任原则下，同样可以达到有效率的均衡结果，即 $x = \tilde{x} = x^*$、$z = \tilde{z} = z^*$。

5. 结论

根据上述分析，可得如下结论。

在受害人为非人工智能使用者的第三人且事故发生同时受创新生产者和第三人影响的双方性事故中，无责任原则和简单的严格责任原则无法发挥有效的预防激励效应：在无责任原则下，创新生产者不会采取任何预防措施，第三人则会在此基础上选择有效率的注意水平；在简单的严格责任原则下，第三人不会采取任何预防措施，创新生产者则会在此基础上选择有效率的注意水平。反之，在过错责任、与有过失抗辩的严格责任和相对过失抗辩的严格责任原则下，创新生产者和第三人都会被引导至有效率的社会最优注意水平上来，使技术安全标准达到社会最优状态。不过，由于过错责任原则无法引导有效率的市场行为，故根据【定义 4 - 1】可知，在受害人为非人工智能使用者的第三人的双方性事故中，与有过失抗辩的严格责任原则和相对过失抗辩的严格责任原则是有效率的人工智能侵权责任归责原则，在均衡条件下能够令行为人注意水平、使用水平、创新水平和技术安全标准达到社会最优。

第三节　受害人为使用者的人工智能
侵权责任归责原则选择

在分析和比较了受害人为非人工智能使用者的第三人情形下不同侵权责任归责原则的效率后，本节考虑受害人为人工智能使用者情形下的归责原则选择问题。这两种情形的根本区别在于，因为使用者对人工智能技术风险信息的掌握不完全，所以当使用者可能因为权利界定的不同而承担事故损失时，使用者对人工智能风险的判断会进一步影响其投入的注意水平和使用意愿。根据前面的假设条件，使用者将根据人工智能的完全价格而非市场价格做出交易决策，那么，使用者关于人工智能技术风险信息的了解，即使用者对创新生产者所投入的注意水平 x 的估算程度将进一步决定使用者能否对侵权事故的预期损失数额进行准确判断。

首先，假定使用者根据所掌握的信息判断人工智能侵权预期事故损失为 $p_m(x,y)L_m(q)$，而且该预期事故损失与真实的预期事故损失之间可以通过一个估算系数 μ 来定义，即 $\mu \in (-\infty, +\infty)$，$\mu$ 可以表示使用者对人工智能技术风险的不确定性。当 μ 随机且不可观察的时候，使用者所预测的损失和真实损失之间存在如下关系：

$$p_m(x,y)L_m(q) = \mu p(x,y)L(q) \tag{4.29}$$

同时，当 $\mu = 1$ 时，使用者将准确估计人工智能技术风险；当 $\mu < 1$ 时，使用者将低估人工智能技术风险；当 $\mu > 1$ 时，使用者将高估人工智能技术风险。如果使用者能够拥有人工智能技术风险的完全信息，则有 $\mu \equiv 1$ 成立，使用者也能够有效判断侵权事故的预期事故损失。

其次，假设在双方性事故中，由于使用者无法观测到创新生产者所选择的注意水平，进而无法确定事故损失的具体值，但是"当使用者选择有效率的注意水平 y^* 时，创新生产者也会选择有效率的 x^*"是共同知识。那么，结合【假设 4-5】，关于使用者了解到的预期事故损失为 $p_m(x,y)L_m(q)$，有

【假设 4-6】对于任意的 $x,y,q \in [0, +\infty)$，有关系式成立：

$$0 < A(x^*) + B(y^*) + p_m(x^*,y^*)L_m(\dot{q}) \leq A(x) + B(y) + p_m(x,y)L_m(\dot{q})$$

基于上述假设条件，对受害人为人工智能使用者的侵权责任归责原则进一步展开详细分析。

一　单方性事故

在受害人为使用者的单方性事故中，与前文受害人为非使用者的第三人稍有不同，在某些特殊情形中可以由使用者单方地采取预防措施来降低事故发生概率，因此在这一节的模型中将分别讨论不同归责原则对创新生产者和使用者的影响机制。

1. 社会最优解

当事故仅受创新生产者影响时的分析逻辑与前文一致，接下来补充说明关于事故仅受使用者影响的社会最优水平求解。

当事故的发生仅受到使用者所投入的注意水平的影响时，事故发生的概率和损失可分别表示为 $p(y)$ 和 $p(y)L(q)$，则此时创新生产者的生产成本为：

$$C^A = F(q) + K(k,q) + \alpha p(y) L(q) \tag{4.30}$$

侵权事故造成的社会总成本主要由生产成本、事故损失以及使用者投入的注意成本三个部分组成，即：

$$CS(k,q,y) = F(q) + K(k,q) + B(y)q + p(y)L(q) \tag{4.31}$$

进一步给出社会总福利函数为：

$$W(k,q,y) = U(q) - F(q) - K(k,q) - B(y)q - p(y)L(q) \tag{4.32}$$

人工智能侵权责任制度的效率目标是实现社会总成本的最小化或社会总福利的最大化，则有目标函数（4.33）或式（4.34）：

$$\text{Min} CS(k,q,y) = \text{Min}\big[F(q) + K(k,q) + B(y)q + p(y)L(q) \big] \tag{4.33}$$

或

$$\text{Max} W(k,q,y) = \text{Max}\big[U(q) - F(q) - K(k,q) - B(y)q - p(y)L(q) \big] \tag{4.34}$$

同理，在仅受使用者影响的情况下，能够满足以下三个一阶条件成立的解 (k^*, q^*, y^*) 是实现目标函数（4.33）的社会最优解[1]：

$$K'_k(k^*, q^*) = 0 \tag{4.35}$$

$$U'_q(q^*) - F'_q(q^*) - K'_q(k^*, q^*) - B(y^*) - p(y^*)L'_q(q^*) = 0 \tag{4.36}$$

$$-B'_y(y^*)q^* - p'_y(y^*)L(q^*) = 0 \tag{4.37}$$

2. 无责任原则

（1）对创新生产者的激励

根据前面模型的分析可知，无责任原则下的创新生产者会将自己的注意水平降为 $\bar{x} = 0$，则此时人工智能的市场均衡价格为：

$$\bar{P} = F'_q(q) + K'_q(k, q) \tag{4.38}$$

再考虑使用者的情况，使用者同样由于信息不完全而无法准确估计事故预期损害 $p(x)L(q)$ 的值，并且其所面临的完全价格为：$\overline{P_m} = \bar{P} + \dfrac{\mu p(0)L(q)}{q}$。进一步可知，使用者的净收益函数为：

$$R_B = U(q) - F(q) - K(k, q) - \mu p(0)L(q) \tag{4.39}$$

作为理性的行为人，使用者会追求净收益的最大化，故对式（4.39）的最大值求解并与单边事故的社会最优解比较，可得出结论：即便使用者了解全部风险信息，并能够准确估计人工智能侵权事故的预期损失，即 $\mu = 1$，无责任原则也无法引导有效率的均衡出现，而信息不完全更是加剧了这种资源配置的扭曲。

---

[1] 同理，假定满足二阶条件：

$$K''_{kq}(k, q) - K''_{kk}(k, q) + 1 < 0$$

$$U''_{qq}(q) - F''_{qq}(k, q) - K''_{qq}(k, q) - p(y)L''_{qq}(q) + [p'_y(y)L'_q(q) + B'_y(y)]^2 + 1 < 0$$

$$1 - B''_{yy}(y)q - p''_{yy}(y)L(q) < 0$$

（2）对使用者的激励

在无责任原则下，无论使用者的注意水平如何，人工智能侵权责任全部由自己承担。同时，人工智能的市场价格仅由创新生产者的生产成本决定，但由于使用者掌握的信息不完全导致无法准确估计事故预期损害 $p(y)L(q)$ 的值，所以，此时使用者所面临的目标函数为：

$$\text{Max } R_B(k,q,y) = \text{Max}\left[U(q) - F(q) - K(k,q) - B(y)q - p_m(y)L_m(q)\right]$$

$$(4.40)$$

结合式（4.29），代入后得：

$$\text{Max } R_B(k,q,y) = \text{Max}\left[U(q) - F(q) - K(k,q) \right.$$
$$\left. - B(y)q - \mu p(y)L(q)\right]$$

$$(4.41)$$

进一步与单边事故最优解进行比较，发现：

当且仅当 $\mu = 1$ 时，使用者能够准确预期技术风险带来的事故损失，此时使用者的个人收益与社会收益相一致，能够得到与社会最优解相同的 y^*、q^* 和 k^*，且有 $\bar{s} = \bar{s}(y^*) = s^*$；反之，若 $\mu \neq 1$ 时，由于使用者的预期损失与实际损失不相等，因此无法实现有效率的均衡。

3. 过错责任原则

（1）对创新生产者的激励

在过错责任原则下，无论使用者是否了解人工智能技术风险的全部信息，对于创新生产者来讲，其目标函数均与式（4.12）相一致，因此，创新生产者的决策与前面的分析相同，会选择 $x = \hat{x} = x^*$ 的有效注意水平，并且有 $\hat{s} = \hat{s}(x^*) = s^*$ 的社会最优技术安全标准。事实上，即便放松关于法定注意标准 $\hat{x} = x^*$ 的假设，同样能够得到创新生产者选择最优注意标准的结论，只不过会影响人工智能的市场价格。

由于创新生产者无过错，则事故责任将由使用者承担，使用者的净收益函数如下：

$$R_B = U(q) - A(x^*)q - F(q) - K(k,q) - \mu p(x^*)L(q)$$

$$(4.42)$$

进一步，将净收益最大化目标与式（4.5）进行比较，发现：

当 $\mu = 1$ 时，使用者能够准确预期事故损失，过错责任原则能够引导实现社会最优使用水平和创新水平，即 $\hat{q} = q^*$、$\hat{k} = k^*$；

当 $\mu > 1$ 时，使用者将高估人工智能技术风险，进而造成抑制人工智能的使用且人工智能创新不足的局面，即 $\hat{q} < q^*$、$\hat{k} < k^*$；

当 $\mu < 1$ 时，使用者将低估人工智能技术风险，使得人工智能的使用泛滥且创新过度的情况发生，即 $\hat{q} > q^*$、$\hat{k} > k^*$。

（2）对使用者的激励

在过错责任原则下，令 $\hat{y}$ 为法定注意水平且有 $\hat{y} = y^*$。结合前面分析，给出创新生产者的成本函数为：

$$C^A = \begin{cases} F(q) + K(k,q), & 0 \leqslant y < \hat{y} \\ F(q) + K(k,q) + p(y)L(q), & y \geqslant \hat{y} \end{cases} \quad (4.43)$$

此时，考虑使用者面对的完全价格以及投入的注意成本，有：

$$C^B = \begin{cases} B(y)q + F(q) + K(k,q) + \mu p(y)L(q), & 0 \leqslant y < \hat{y} \\ B(y)q + F(q) + K(k,q) + p(y)L(q), & y \geqslant \hat{y} \end{cases} \quad (4.44)$$

当 $\mu = 1$ 时，使用者会选择能够实现其自身最低成本的注意水平 $y = \hat{y} = y^*$，且有 $\hat{s} = \hat{s}(y^*) = s^*$。此时，使用者的个人目标与社会目标相一致，能够达到有效率的使用水平 q^* 和创新水平 k^*。

当 $\mu \neq 1$ 时，只有使用者明显低估人工智能技术风险①，才会选择低于合理注意标准的预防措施，导致无效率的均衡出现，并形成 $\hat{q} > q^*$、$\hat{k} > k^*$ 的结果，否则过错责任原则依然能够引导实现有效率的均衡结果。

4. 严格责任原则

（1）对创新生产者的激励

在严格责任原则规制下，人工智能侵权责任全部由创新生产者

---

① 当且仅当 $\mu < \dfrac{[B(y^*) - B(y)]\dot{q} + p(y^*)L(\dot{q})}{p(y)L(\dot{q})}$ 时，使用者会选择低于法定标准的注意水平。

承担，使用者所遭受的损失能够得到完全补偿，所以，对于使用者来讲，是否完全掌握了人工智能技术的风险信息并不会对其决策产生影响，因为市场价格与使用者的完全价格一致。另外，创新生产者所面临的情况与前文受害人是第三人的情况是相同的，其目标函数与社会总成本最小化的目标相一致，自然能够引导实现社会最优均衡，创新生产者选择有效率的注意水平和创新水平，使用者选择有效率的使用水平，即 $\tilde{x} = x^*$、$\tilde{k} = k^*$、$\tilde{q} = q^*$，且 $\tilde{s} = \tilde{s}(x^*) = s^*$。因此，对于严格责任原则来讲，使用者关于风险信息了解程度的要求是宽泛的，无论使用者能否准确预期事故损失，该归责原则都能够产生有效的激励。

（2）对使用者的激励

当使用者遭受人工智能侵权造成的损害能够得到完全赔偿时，侵权责任制度不会对使用者主动采取预防措施以减少损害发生这一行为产生任何激励，故 $\tilde{y} = 0$。此时，基于完全信息的创新生产者会根据自身成本给定人工智能的价格为：

$$\tilde{P} = \frac{C^A}{q} = \frac{F(q) + K(k,q) + p(0)L(q)}{q} \tag{4.45}$$

该价格与使用者决策时的完全价格相同，故使用者的目标函数为：

$$\text{Max } R_B = \text{Max}[U(q) - F(q) - K(k,q) - p(0)L(q)] \tag{4.46}$$

与社会最优解相比，使用者会因价格的上升导致人工智能使用水平低于最优水平且生产者创新不足，资源配置扭曲。

5. 结论

由于人工智能技术的风险信息能够对使用者的市场决策行为产生影响，所以，在受害人为人工智能使用者的单方性事故模型中，使用者是否拥有完全信息成为影响不同归责原则实现效率的关键性因素。

在人工智能侵权事故发生仅受使用者影响的情况下，若将无责任原则或过错责任原则确定为归责原则，只有在使用者拥有完全信息且能够准确预期技术风险带来的事故损失时，其个人收益与社会收益才会一致，从而实现有效率的均衡；若以严格责任为归责原则，尽管此时人工智能风险信息对于使用者的决策无影响，但该原则无法对行为人预防形成有效激励。当然，人工智能侵权事故发生仅受使用者影响的情形较为罕见，但可以通过理论研究为更好地理解归责原则的激励机制提供新路径。

在人工智能侵权事故发生仅受创新生产者影响的情况下，若以无责任原则为归责原则，创新生产者将不会采取任何预防措施，同时即便使用者拥有关于人工智能技术风险的完全信息和准确预期事故损失的能力，也不会有社会最优解出现，信息的不完全甚至可能加剧资源的扭曲；若以过错责任为归责原则，能够激励创新生产者投入有效率的注意水平 x^*，不过，当且仅当使用者拥有人工智能风险的完全信息的条件下，侵权责任制度才能够引导实现有效率的均衡，即最优的使用水平和创新水平；若以严格责任为归责原则，不但同样能够激励创新生产者投入最优注意水平 x^*，而且无论使用者对人工智能风险信息的了解程度如何，都不会影响社会最优均衡的实现，始终有均衡使用水平等于最优使用水平、均衡创新水平等于最优创新水平。由此，结合【定义4-1】可得：无论使用者是否拥有人工智能风险的完全信息，严格责任原则都是有效率的；如果使用者拥有人工智能风险的完全信息，则过错责任原则以及严格责任原则都符合效率要求。

二　双方性事故

人工智能侵权事故同时受到其创新生产者和使用者的行为决策的影响，创新生产者和使用者关于注意水平的不同选择将造成人工智能侵权事故发生概率和预期事故损失的改变。根据前文假设，在当前条件下，人工智能侵权事故发生的概率和预期事故损失分别为 $p(x,y)$ 和 $p(x,y)L(q)$。

1. 社会最优解

在受害人为使用者的双方性事故中，使用者根据自身所掌握的信息观察到侵权事故的预期损失是 $p_m(x,y)L_m(q)$，则其选择使用人工智能技术所获得的净收益等于总效用和预期事故成本的差值，可具体表示为：

$$R_B = U(q) - B(y)q - (1-\alpha)p_m(x,y)L_m(q) \tag{4.47}$$

代入式（4.29），得：

$$R_B = U(q) - B(y)q - (1-\alpha)\mu p(x,y)L(q) \tag{4.48}$$

同时，具有信息优势的创新生产者能够准确掌握真实的预期事故损失 $p(x,y)L(q)$，则在人工智能侵权双方性事故中，创新生产者的生产成本由式（4.1）变成：

$$C^A = F(q) + K(k,q) + A(x)q + \alpha p(x,y)L(q) \tag{4.49}$$

综合以上创新生产者、使用者双方成本收益函数，可得到人工智能侵权双边事故的社会总福利函数：

$$W(x,y,k,q,\alpha,\mu) = U(q) - F(q) - K(k,q) - A(x)q \\ - B(y)q - (\mu - \mu\alpha + \alpha)p(x,y)L(q) \tag{4.50}$$

其中，社会总成本是由生产成本、注意成本和事故损失组成的，即

$$CS(x,y,k,q,\alpha,\mu) = F(q) + K(k,q) + A(x)q + B(y)q \\ + (\mu - \mu\alpha + \alpha)p(x,y)L(q) \tag{4.51}$$

与前面分析相同的是，此时社会目标仍然是实现社会总福利的最大化，或者是令社会总成本最小化：

$$\text{Max}W(x,y,k,q,\alpha,\mu) = \text{Max}[U(q) - F(q) - K(k,q) - A(x)q \\ - B(y)q - (\mu - \mu\alpha + \alpha)p(x,y)L(q)] \tag{4.52}$$

或者是

$$\text{Min}CS(x,y,k,q,\alpha,\mu) = \text{Min}[F(q) + K(k,q) + A(x)q \\ + B(y)q + (\mu - \mu\alpha + \alpha)p(x,y)L(q)] \tag{4.53}$$

在式（4.52）取得极大值时，有以下一阶条件成立：

$$\alpha - 1 = 0 \text{①} \tag{4.54}$$

$$\mu - 1 = 0 \tag{4.55}$$

$$K'_k(k^*, q^*) = 0 \tag{4.56}$$

$$U'_q(q^*) - F'_q(q^*) - K'_q(k^*, q^*) - A(x^*) - B(y^*)$$
$$- (\mu^* - \mu^*\alpha^* + \alpha^*)p(x^*, y^*)L'_q(q^*) = 0 \tag{4.57}$$

$$- A'_x(x^*)q^* - (\mu^* - \mu^*\alpha^* + \alpha^*)p'_x(x^*, y^*)L(q^*) = 0 \tag{4.58}$$

$$- B'_y(y^*)q^* - (\mu^* - \mu^*\alpha^* + \alpha^*)p'_y(x^*, y^*)L(q^*) = 0 \tag{4.59}$$

根据一阶条件可知，当且仅当 $\mu = 1$ 时，才有解（x^*, y^*, k^*, q^*）能够同时满足式（4.56）至式（4.59）成立。并且，由于此时 $\mu - \mu\alpha + \alpha = 0$，则 α 的取值不会影响到均衡解的结果。换言之，在使用者能够了解人工智能风险全部信息的条件下，无论选择何种归责原则为人工智能侵权双方性事故的归责原则，都能够实现均衡解（x^*, y^*, k^*, q^*），令社会总福利水平实现最大化，同时引导行为人选择社会最优注意水平、创新水平、使用水平以及最优技术安全标准。② 在完全信息条件下，任何归责原则都是有效率的。这一结论与单方性事故的分析结果相一致，使用者是否拥有完全信息会对其行为决策产生关键性影响。

但是，如果使用者无法掌握人工智能风险的全部信息，错误地判断人工智能侵权事故损失，那么各个归责原则引导的均衡解是否

---

① 对变量 μ 求一阶偏导应为：$(\alpha - 1)p(x^*, y^*)L(q^*) = 0$，但由于 $p(x^*, y^*)L(q^*) \neq 0$，故将该条件简化为 $\alpha - 1 = 0$ 的形式，下一条件同理可得。

② 使用者具备完全信息，在无责任框架下，创新生产者能够选择 $x = x^*$ 的原因在于：当使用者选择 $y = y^*$ 时，创新生产者可以通过选择合理注意水平来降低人工智能技术风险，并且对其高度安全性进行宣传，以使使用者提高支付意愿，由此创新生产者既能够将自身注意成本通过价格转移出去，又能够得到提升价格的空间。在严格责任框架下，使用者能够选择 $y = y^*$ 的原因则是：使用者所掌握的信息，或者创新生产者刻意使使用者知道，使用者可以通过提高自身注意水平以换取人工智能更低的使用价格。

有效率？为回答该问题，下面将依次展开分析。

2. 无责任原则

在无责任原则下，即 $\alpha = 0$ 。一方面，创新生产者无须承担任何侵权责任，则其投入的注意水平有 $\bar{x} = 0$ 。此时，人工智能技术的市场价格根据创新生产者的直接生产成本确定。另一方面，使用者会投入相当的注意水平以降低预期损失，在当前的双方性事故中，使用者的预期事故成本包含自身注意成本以及预期损失两部分，那么，使用者的当前目标就是通过调整自身的注意水平以达到单位事故成本最小化，即

$$\text{Min}\left[\mu p(0,y) L_q(q) + B(y)\right] \tag{4.60}$$

对式（4.60）进行求解，可知在创新生产者未采取任何注意措施的情况下，使用者的注意水平决策为 $y = \bar{y}$ ，而这个 $\bar{y}$ 通常都不会与社会合意的 y^* 相等。此外，使用者的市场行为决策同样不会得到最优的结果，因为对于使用者来讲，当前人工智能技术的完全价格是 $F_q + K_q(k,q) + b(y) + \mu p(0,y) L_q$ 。

3. 严格责任原则

在严格责任原则下，即 $\alpha = 1$ 。人工智能侵权事故责任将由侵害方全部承担，根据前面的分析，创新生产者会选择合理注意水平 $\tilde{x} = x^*$ ，而使用者会因为其损害能够得到完全赔偿而不放弃采取预防措施，故其注意水平为 $\tilde{y} = 0$ 。在该注意水平下，人工智能技术的成本将高于社会最优水平下的成本，因此，既无法实现人工智能的社会最优使用水平，也无法达到最优技术安全标准。

不过，在与有过失抗辩的严格责任和相对过失抗辩的严格责任框架下，通过补充使用者的过错标准进一步对其注意水平加以约束，要求使用者在达到合理注意水平 y^* 时方能被免除责任，否则仍需要负担全部或部分的事故损失。结合前面的分析过程可知，虽然使用者关于人工智能风险信息的了解不完全，而且在掌握不完全信息的

条件下，使用者所预期的事故损失与真实值是偏离的，但是，侵权责任制度通过一种强制性的手段——设置法定注意义务要求使用者必须做出该种选择，即 $\tilde{y} \geq y^*$。因此，这两种特殊的归责原则通过给定合理注意水平的方式，纠正了由使用者信息掌握不完全造成的制度激励不足和资源配置错位问题，尽管使用者在决策时并非依据自有信息自愿行动，但其最终能够引导市场实现社会最优均衡解 (x^*, y^*, k^*, q^*)，且人工智能技术安全标准也是最优的。

进一步，根据【定义4-1】，认为在受害人为使用者的人工智能侵权双方性事故中，与有过失抗辩的严格责任原则和相对过失抗辩的严格责任原则能够促成社会最优解的实现，均是有效率的归责原则。

4. 过错责任原则

当 $0 < \alpha < 1$ 时，为过错责任原则。在上一节的双方性事故中，分别分析了简单的过错责任原则、与有过失抗辩的过错责任原则以及相对过失责任原则对行为人的激励作用，其分析逻辑上是统一的，故选择主要以相对过失原则为例来说明过错责任原则对事故双方主体的激励效果。

在相对过失责任原则下，创新生产者也可以通过证明第三人的注意水平低于法定注意标准，从而使自己免除全部或部分事故责任，并根据各自过失程度划分责任承担比例，若是对应图4-2的责任分区，当创新生产者有过错，即其注意水平满足 $x < \hat{x} = x^*$，且使用者无过错，即其注意水平 $y \geq \hat{y} = y^*$ 时，则由创新生产者一方承担全部的人工智能侵权责任，对应第Ⅱ象限；当创新生产者无过错，也就是他的注意水平 $x \geq \hat{x} = x^*$，而且使用者有过错，即其注意水平 $y < \hat{y} = y^*$ 时，则由使用者一方承担全部侵权责任，对应第Ⅰ象限和第Ⅳ象限；当创新生产者有过错，即其注意水平 $x < \hat{x} = x^*$，且使用者也有过错，即 $y < \hat{y} = y^*$ 时，则在创新生产者和使用者之间按一定比例分配事故责任，对应第Ⅲ象限。

　　若当二者均有过错时，创新生产者和使用者分别承担的损失按照 $\dfrac{x-\tilde{x}}{y-\tilde{y}}$ 的比例分配，为表达方便分别记为 δ 和 $1-\delta$，进一步给出了该原则下事故双方各自的预期成本矩阵（见图 4-6）。

受害人

		$y<\hat{y}=y^*$	$y=\hat{y}=y^*$
侵害人	$x<\hat{x}=x^*$	$A(x)q+\delta p(x,y)L(q)$, $(1-\delta)p_m(x,y)\,L_m(q)+B(y)q$	$p(x,y^*)L(q)+A(x)q$, $B(y^*)q$
	$x=\hat{x}=x^*$	$A(x^*)q$, $p(x^*,y)L(q)+B(y)q$	$A(x^*)q$, $p_m(x^*,y^*)\,L_m(q)+B(y^*)q$

图 4-6　相对过失责任原则下的预期成本矩阵

　　先考虑使用者的行为决策。此时，在使用者看来，人工智能侵权责任的社会总成本为：

$$CS_m(x,y,q)=p_m(x,y)L_m(q)+A(x)q+B(y)q$$
$$=\mu p(x,y)L(q)+A(x)q+B(y)q \qquad (4.61)$$

　　进一步定义 $CS_m(x^*,y^*,q)$ 是人工智能侵权事故最小的预期社会成本。通过对式（4.61）变形，可得到等式 $CS_m(x,y,q)-A(x)q=\mu p(x,y)L(q)+B(y)q$。那么，比较使用者在面对创新生产者行为决策下不同选择的预期成本，发现：当创新生产者选择 $x<\hat{x}=x^*$ 时，使用者会选择成本更低的 $y=y^*$；当创新生产者选择 $x=\hat{x}=x^*$ 时，$y=y^*$ 同样能够使使用者的成本更低。所以，使用者按照合理注意标准行动是其严格优势策略，即无论创新生产者作何决策，使用者都会选择有效率的注意水平。

　　反观创新生产者的预期成本，当使用者总是选择 $y=y^*$ 时，创新生产者会选择更低成本的 $x=x^*$。此时，创新生产者和使用者双方的预防行为由该归责原则引导至均衡 (x^*,y^*)，实现了社会最优的人工智能技术安全标准，相对过失责任原则也为事故主体预防提供了有效激励。不过，当前使用者选择人工智能使用水平依据的完全价

格会受到估算系数 μ 的影响：若 $\mu < 1$ ，使用者低估人工智能技术风险，有 $\hat{q} > q^*$ 、$\hat{k} > k^*$ ，即存在过度使用和过度创新；若 $\mu > 1$ ，使用者高估人工智能技术风险，有 $\hat{q} < q^*$ 、$\hat{k} < k^*$ ；当 $\mu = 1$ 时，能够取得社会最优水平 $\hat{q} = q^*$ 、$\hat{k} = k^*$ 。

5. 结论

在前面单方性事故模型的结论中，曾指出使用者是否拥有完全信息是影响不同归责原则实现效率的关键性因素，而在双方性事故模型中同样有如此结论。只有使用者能够充分了解人工智能的风险信息并准确预期其损害时，归责原则才能够激励人工智能创新生产者和使用者采取有效的合理注意水平；若使用者无法掌握完全信息，即便创新生产者采取合理注意水平，使用者也无法做出最有效率的决策结果。

因此，根据以上分析结果，得出结论：在受害人是人工智能使用者的双方性事故中，在使用者能够掌握人工智能风险全部信息的条件下，无论是无责任原则、过错责任原则还是严格责任原则，都能够引导行为人选择社会最优注意水平、创新水平、使用水平以及最优技术安全标准，三者均是有效率的归责原则；而在使用者不了解人工智能风险全部信息的条件下，就变为只有与有过失抗辩的严格责任原则和相对过失抗辩的严格责任原则是符合效率标准的归责原则。

第四节 本章小结

本章基于科斯定理、波斯纳定理、理性选择理论等理论，综合运用成本收益分析、激励分析、博弈论、均衡分析等研究方法，提出人工智能侵权责任归责原则的效率标准，并通过所构建的人工智能侵权责任模型系统分析在单方性事故和双方性事故中不同归责原则对包括人工智能创新生产者、使用者和受害的第三人在内的侵权事故主体的行为策略的影响，比较不同归责原则关于注意水平、使用水平和创新水平的激励效率。根据模型分析结果，在不同的情况下，选择具有效率的归责原则能够通过对权利的不同初始界定，最小化由私人协商失败导致的损害，降低交易成本，纠正资源的错误配置，符合卡尔多—希克斯效率标准（见表4-1）。

表4-1　人工智能侵权责任制度的归责原则选择

受害人	类型		有效率的归责原则
人工智能使用者	单方性事故	完全信息	过错责任；严格责任
		不完全信息	严格责任
	双方性事故	完全信息	无责任；过错责任；严格责任
		不完全信息	有过失抗辩的严格责任；相对过失抗辩的严格责任
非使用者的第三人	单方性事故		严格责任
	双方性事故		有过失抗辩的严格责任；相对过失抗辩的严格责任

另外，根据研究，我们进一步有如下发现。

（1）通常，能够同时满足下面两个条件的归责原则就是有效率的人工智能侵权责任之归责原则，引导行为人达到最优注意水平、最优使用水平和最优创新水平，以及最优的人工智能技术安全标准。

条件一：只要受害人的注意水平达到法定注意水平，其行为就是无过错的，则无须考虑侵害人注意水平，由侵害人承担全部人工智能侵权损害。

条件二：若受害人的注意水平未达到法定注意水平，并且此时侵害人履行了注意义务并施加法定注意水平的话，由受害人承担全部人工智能侵权损害。

（2）在受害人为人工智能使用者的模型分析中，使用者对人工智能技术风险信息的掌握和对预期损失的估计深刻影响着行为人的决策及市场运行结果。更贴近现实的是，生产者和使用者关于人工智能风险信息了解的不对称性会随着技术的深入发展而逐渐增加，甚至出现即便生产方披露全部信息，也可能无法令使用者完全理解。那么从长期来看，在不同情况下需要考虑灵活运用不同的具有效率的归责原则，以尽可能减少人工智能带来的事故损失，同时使人工智能产业处于高效的发展之中，提升社会资源配置效率。

（3）影响人工智能侵权责任制度运行效率的一个关键在于对"过错"标准的确定，即对法定的合理注意水平的确定。模型中假定合理注意水平与最优注意水平一致，虽然如今该假定未必能够在现实中实现，但随着人类对人工智能研究和了解的不断加深，其过错标准将会被逐步收敛于效率值。同时，模型中还给出了人工智能技术安全标准，该标准为解决人工智能技术产品缺陷认定或相关部门的监督管理问题提供了可参考的新思路，也有助于改善人工智能产品侵权案件无法适用产品责任制度的困境。

（4）针对责任可能抑制技术创新这一观点，通过分析不同责任分配方式对人工智能生产者创新决策的影响，适当地向生产者施加责任有利于实现社会最优创新水平。若过度减轻生产者的责任负担，比如采用无责任原则进行规制会使社会处于过度创新状态，造成资源浪费的同时又增大了社会风险；当因高估人工智能风险而对生产者施加过重的责任时，会使社会陷入创新不足的困境，长此以往将使国家失去在全球人工智能领域的话语权。

在人工智能大幅提升生产效率和社会安全水平的同时，其带来的社会风险也接踵而来。人工智能的社会风险控制问题可以从相关技术产品的设计、生产、应用、监管等多个环节着手进行解决，不过由于人工智能的自主性及其侵权行为的不可预见性，风险无法被彻底消除，因此，在人工智能的不同发展阶段，面对不同的人工智能侵权特征，科学地构建符合人工智能发展特征和规律的侵权责任分担机制能够在一定程度上合理分配风险，进而由全社会共享和共担人工智能发展带来的收益与风险。

第五章　人工智能侵权的损害赔偿有效性

　　根据上一章对人工智能侵权责任归责原则的分析可知，归责原则在实现有效率的注意水平、行为水平和创新水平的程度方面绝大部分取决于法院事实上的补偿金判罚能力，而侵权事故的赔偿金通常具备两方面的含义：一是通过赔偿金使受害人恢复到原有的效用水平或无差异曲线上，实现对受害人的救济；二是赔偿金也是侵害人因其行为造成受害人权益损失所必须支付的赔偿，实现对侵害人的惩罚。以侵权损害为衡量基础的损害赔偿金一般可分为补偿性损害赔偿金和惩罚性损害赔偿金两种。补偿性损害赔偿金是向受害人支付的、用以弥补其损害的货币；惩罚性损害赔偿金则是在补偿性损害赔偿之外，为弥补补偿性赔偿金对侵权行为外部成本内部化的效率不足而向受害人支付的。本章将从人工智能侵权事故赔偿金的认定基础着手，说明损害赔偿比收益赔偿更具威慑效率，进而分别对人工智能侵权事故中补偿性损害赔偿金的确定方法和惩罚性损害赔偿的合理性展开讨论。

第一节　损害赔偿的威慑效率

　　侵权作为一种强制的、非自愿的交易行为，其经济学本质就是在侵害人提高自身效用的同时降低受害人的效用。具体来看，当人工智能侵权行为发生时，一方面，受害人因该侵权行为而遭受权益的损害；另一方面，侵害人因侵权获得额外收益，或因未采取足够的预防措施而节约成本，同样是获得收益。那么，在侵权责任确定赔偿金额的具体机制中，就可以考虑选择是以受害人损害为基础或是以侵害人收益为基础（Polinsky and Shavell，1994）。在《中华人民共和国民法典》中，同样也将这两种原理纳入由侵权造成财产损失的赔偿数额确定①之中。不过，由于损害和收益并不总是相等的，不同的赔偿金衡量方式就会产生不同的威慑水平，本节将基于不同归责原则对两种不同的赔偿金衡量方式所产生的威慑效用进行比较，探究对损害社会总体福利水平的侵权行为具有更强烈、更广泛的威慑作用，即更具威慑效率的赔偿金衡量方式。

总的来看，无论是在以严格责任还是在以过错责任为归责原则的侵权责任制度下，当法院能够十分准确地对侵权行为下的侵害人收益和受害人损害进行估计的时候，以二者中任何一个作为侵权责任衡量标准，都能够发挥制度的威慑作用。一方面，如果把受害人损害作为责任衡量标准，当侵害人收益低于受害人损害时，理性行为人不会选择侵权行为，实现了威慑作用；而当侵害人收益高于受害人损害时，这种侵权行为的发生能够提高社会总体福利。另一方面，如果把侵害人收益作为责任衡量标准，则侵害人在承担侵权责任后将无法获得任何的侵权收益，甚至由于事故可能带来声望受损等隐性成本，会促使理性行为人选择适当水平的预防措施以避免侵权行为的发生。值得注意的是，在严格责任归责原则下，以侵害人收益为责任衡量方式虽然能够发挥制度的威慑作用，但也会导致行为人对社会的合意行为产生寒蝉效应②。

---

① 《中华人民共和国民法典》第一千一百八十二条："侵害他人人身权益造成财产损失的，按照被侵权人因此受到的损失或者侵权人因此获得的利益赔偿；被侵权人因此受到的损失以及侵权人因此获得的利益难以确定，被侵权人和侵权人就赔偿数额协商不一致，向人民法院提起诉讼的，由人民法院根据实际情况确定赔偿数额。"
② 寒蝉效应（Chilling Effect），原意是指蝉在寒冷天气中噤声，现在则被广泛应用于政治、法律与传媒等领域。其在文中是指由于人们担心无力承担预期责任后果，就选择放弃行使社会合意行为权利，导致社会福利水平无法得到提高。

但是，法院并不总是可以对侵害人收益和受害人损害的具体数值进行准确估计，当法院的估计结果存在偏差时，也应当在计算责任时将这种偏差考虑在内。而且，行为人能否预见到法院这种错误的估算也会对自身的决策结果产生影响，但其永恒不变的一条行为准则是，只有在满足侵权收益高于自身的预期侵权责任的条件下，才会选择实施侵权行为，这是理性行为人成本效益分析的结果。进一步地，侵害人总收益之和与受害人总损失之和相减的差值即为社会净福利，当社会净福利为正时，侵权行为的发生满足卡尔多—希克斯效率，此时，社会希望所有人都从事侵害行为，这样即使在侵害人补偿受害人的损失后仍有收益；当社会净福利为负时，社会希望所有人都避免发生损害行为，具体体现为侵权责任制度对侵权行为的威慑作用。

假定受害人的损害为 D，侵害人的收益为 B，法院对二者的判断误差分别为 e_D 和 e_B，预期侵权责任为 E。这里的"误差"指法院对侵权损害和收益的判断有异于侵权双方实际付出和获取的情况。当存在法院估计错误且这种错误能够被行为人预见的话，若以侵害人收益为责任衡量基础，则行为人的预期侵权责任为 $E = B + e_B$；同理，若以受害人损害为责任衡量基础，则预期侵权责任为 $E = D + e_D$。基于以上假设，分别对严格责任和过错责任这两种不同归责原则之下的损害威慑效率展开详细分析。[①]

一　严格责任原则下损害的威慑效率

基于严格责任原则的要求，无论侵害人一方是否存在过错，都需要承担侵权责任，赔偿受害人的全部损失。

1. 行为人预见到法院估计错误

若以侵害人收益为责任衡量基础，则预期侵权责任为 $E = B + e_B$。

---

① 由于无责任原则不要求侵害人承担侵权责任，故不存在关于赔偿金的认定问题。

此时的侵害人会将预期侵权责任 E 和侵权收益 B 进行比较，当行为人的收益高于预期侵权责任成本时，有 $B > E = B + e_B$，即当 $e_B < 0$ 时，行为人会选择侵权行为；反之，当 $e_B \geqslant 0$ 时，行为人会采取预防措施避免侵权行为，即行为人的决策结果会受到法院估计错误的直接影响。若以受害人损害为责任衡量基础，则预期侵权责任为 $E = D + e_D$。同样，侵害人也会进行成本收益分析，当行为人的收益高于预期侵权责任成本，即当 $B > E = D + e_D$ 时，行为人选择侵权有利可图；反之，当 $B \leqslant E = D + e_D$ 时，行为人将不会从事侵权行为。当收益高于损害时，这种侵权损害行为从社会净福利角度看是一种社会合意行为，不必用法律进行威慑。当收益低于损害时，通过比较图5－1中行为人选择不从事侵权行为的误差范围可以看出，以受害人损害为责任衡量基础优于侵害人收益，能够发挥更广泛的威慑作用，其中，$[B - D, 0)$ 的这段区间就是以侵害人收益为责任衡量基础的威慑效率损失。因此，虽然两种不同的机制均能够发挥侵权责任制度的威慑作用，但是在侵害人收益比受害人损害低的时候，以受害人损害为责任衡量基础具备更高的威慑效率。

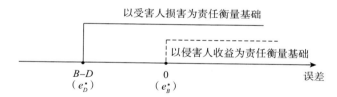

图5－1　严格责任原则下行为人不会从事侵权行为的误差范围

2. 行为人未预见法院估计错误

当法院在估算受害人损害或侵害人收益时存在错误，但这种错误不被行为人所预期的情况下，若以侵害人收益为责任衡量基础，则在严格责任原则下侵权人的预期侵权责任就等于其因侵权所获得的收益，此时，无论侵害人收益和受害人损害之间的比较结果如何，在责任承担后行为人都不会获得任何收益，进而选择不从事侵权行为，能够体现出侵权责任制度的威慑功能。不过，即使当收益大于损害时，这种有效率的改进同样不会发生。若以受害人损害为责任衡量基础，则侵权人的预期侵权责任就等于受害人遭受的损害，只有当收益大于损害的时候，行为人才会选择侵权行为，相比以侵害人收益为责任衡量基础具有更优的威慑效用。

比较上述两种情形可以发现，在严格责任归责原则下，无论法院是否存在估计错误的情况，基于侵害人收益的责任衡量方式都可能会导致侵权责任制度对社会合意行为产生寒蝉效应。也就是说，即便侵权行为带来的收益高于造成的损害，由于侵害人将以全部收益承担责任而无法取得收益剩余，故侵害人不会从事侵权行为，因而这种潜在的帕累托改进就无法实现，这不是社会所期望的。

二　过错责任下损害的威慑效率

根据汉德公式，过错的认定标准与行为人预防措施的成本及预期造成的损害有关，当预防成本低于事故的预期损失而未采取预防手段时，行为人被认定为有过错。那么，在过错责任归责原则下，侵害人需要因其过错而承担侵权责任的前提条件就是侵害人收益小于受害人损害，即 $B < D$。接下来的分析都将基于这一前提展开，因为在过错责任原则下，有过错才产生责任，无过错则无责任，而只有责任才能对行为人产生预防激励，实现制度的威慑功能。

1. 行为人预见到法院估计错误

首先，考虑只有侵害人收益被错误估计的情况。此时，法院认定侵害人存在过错的条件是 $B + e_B < D$，若满足这一条件，侵害人将承担相应的侵权责任。如果以受害人损害为责任衡量基础，则此时的预期侵权责任 E 就等于受害人损害 D，即 $E = D$。对于行为人来说，只有侵害收益大于预期侵权责任时，才会选择实施侵害行为。当侵害人存在过错时，根据过错条件，得到关系式 $B > D > B + e_B$，进一步地，只有当 $e_B < D - B$ 成立时，行为人会选择侵权行为；反之，当 $e_B \geq D - B$ 时，行为人将不会从事侵权行为。如果以侵权人

收益为责任衡量基础，预期侵权责任为 $E = B + e_B$，那么对于侵害人来讲，只要 $e_B < 0$，即法院低估了侵害人的侵权收益，对于侵害人一方来说，其预期侵权责任就一定小于实际收益，所以此时侵害人选择实施侵权行为是有利可图的，也就意味着侵权责任制度的威慑作用不足；当收益被高估，即 $e_B \geqslant 0$ 时，侵权责任制度能够对行为人产生足够的威慑作用，激励其选择足够的预防举措以规避侵权损害事故。比较图 5 - 2 中两种不同责任衡量基础的误差范围可以看出，与以受害人损害为基础相比，以侵害人收益为基础将损失 $e_B \in [D - B, 0)$ 这部分的威慑效率。因此，在仅有收益的数值被法院错误估计时，以受害人损害为责任衡量基础更具威慑效率。

图 5 - 2　过错责任下行为人不会从事侵权行为的误差范围

其次，考虑只有受害人损害被错误估计的情况。此时，法院认定侵害人存在过错并承担相应侵权责任的条件是 $B < E = D + e_D$。若以受害人损害为责任衡量基础，则侵害人的预期侵权责任为 $E = D + e_D$，理性行为人会在二者之间进行权衡，同样能够发挥对侵权行为的威慑作用。不过，当 $B > D$ 且 $e_D > B - D$ 的时候，从社会总福利角度来讲，侵权行为的发生是合意的，能够促进福利水平的提高，但是对于侵害行为人来说，其预期侵权责任 $E = D + e_D$ 将高于收益，所以行为人会避免从事侵权行为。因此，在少数高估受害人损害的时候，以受害人损害为责任衡量基础会使得原本实际收益大于损害的合意行为不发生。若以侵害人收益为责任衡量基础，则侵害人无法从侵害行为中获得任何净收益，因此，任何理性行为人都不会做出侵权的决策。由于以侵害人收益为责任衡量基础的侵权责任制度会对一切社会合意行为产生寒蝉效应，而以受害人损害为责任衡量基础只在特殊情况下导致社会损失的发生，故在比较之下，以受害人损害为责任衡量基础比以侵害人收益为基础更具威慑效率。

最后，考虑收益和损害二者均被错误估计的情况。此时，法院认定侵害人存在过错并要求其承担相应侵权责任的条件是 $B + e_B < D + e_D$。假定收益和损害均被法院错误地估计，且法院认定侵害人存在过错，当侵害人收益被高估时，即 $e_B > 0$，根据过错条件可推得不等式 $B < D + e_D$ 恒成立，意味着此时不论是以侵害人收益还是受害人损害作为侵权责任衡量基础，都有行为人实施侵权行为的收益小于预期侵权责任的结果（见表 5 – 1），而理性的行为人将不会选择侵权，也就意味着此时无论选择哪种作为责任衡量基础都能够达到侵权责任制度的最优威慑水平。当侵害人收益被低估，即 $e_B < 0$，进一步分别考察 $B \geqslant D + e_D$ 和 $B < D + e_D$ 两种不同情况下侵害人的行为决策。当侵害人收益被低估且满足 $B \geqslant D + e_D$ 条件时，无论选择哪种作为责任衡量基础，由于行为人选择侵权能够获得不小于零的净收益，此时侵权行为会发生，侵权责任制度均不能发挥其威慑作用；反之，当侵害人收益被低估且满足 $B < D + e_D$ 条件时，如果以受害人损害为责任衡量基础能够给行为人带来更高的预期侵权责任，那么能够更加有效地发挥侵权责任制度的威慑作用。

表 5 – 1　侵害人收益和受害人损害均被错误估计的不同情形

条件		责任衡量基础	收益与预期责任比较	行为人选择
$e_B > 0$		侵害人收益	$B < B + e_B$	不侵权
		受害人损害	$B < D + e_D$	不侵权
$e_B < 0$	$B \geqslant D + e_D$	侵害人收益	$B > B + e_B$	侵权
		受害人损害	$B \geqslant D + e_D$	侵权
	$B < D + e_D$	侵害人收益	$B > B + e_B$	侵权
		受害人损害	$B < D + e_D$	不侵权

2. 行为人未预见法院估计错误

当存在行为人无法提前预见的法律错误的时候，此时法院所认

定的过错条件是 $B + e_B < D + e_D$，而行为人则会对自身行为存在过错的概率 P 有所估算。那么，当 $B < P \times (B + e_B)$ 时，无论是以收益还是以损害为责任衡量基础，都能够发挥侵权责任制度的威慑作用；当 $B > P \times (D + e_D)$ 时，二者均不能发挥威慑作用；进一步地，当 $P \times (B + e_B) \leqslant B \leqslant P \times (D + e_D)$ 时，以收益为衡量基础所产生的预期侵权责任小于侵害人收益，行为人会选择从事侵权行为，而以损害为责任衡量基础所产生的预期侵权责任大于收益，能够对行为人从事侵权行为产生威慑作用。因此，比较之下可以得出，以受害人损害为责任衡量基础能够实现更优水平的威慑作用，更具效率。

综上所述，无论是以严格责任还是以过错责任作为人工智能侵权责任制度的归责原则，无论对侵害人收益和受害人损害的法律估计是否存在错误，无论行为人能否预期到法院估计错误，以受害人损害为侵权责任衡量基础都能够实现不低于以侵害人收益为侵权责任衡量基础所达到的威慑效率。所以，当法院确定侵权事故中侵害方需要向受害方支付的具体赔偿金额时，选择依据受害人损害程度为责任衡量基础更具有效率。

第二节　补偿性损害赔偿金的确定

侵权责任制度通过责任归责把侵权行为产生的外部成本内部化为行为人的私人成本，激励行为人投入有效的注意水平，实现侵权事故的社会成本最小化，而这一功能的实现主要依赖侵权责任的具体落实。根据法律规定，当前侵权责任的主要承担方式包括停止侵害、恢复原状、赔偿损失等[1]，其中，最能够对行为人形成有效预防

---

[1] 《中华人民共和国民法典》第一百七十九条："承担民事责任的方式主要有：（一）停止侵害；（二）排除妨碍；（三）消除危险；（四）返还财产；（五）恢复原状；（六）修理、重作、更换；（七）继续履行；（八）赔偿损失；（九）支付违约金；（十）消除影响、恢复名誉；（十一）赔礼道歉。"

激励的方式就是支付赔偿金。前文曾对损害的经济学解释做出说明，损害即受害人效用水平的降低，侵权责任制度希望通过对受害人进行损害赔偿后可以恢复其原有效用水平，从而实现无差异的完全赔偿（Cooter，2003）。完全赔偿关乎侵权责任制度经济功能的实现，只有完全赔偿才能够有效引导行为人采取有效率的注意水平，因此，确定完全赔偿的具体损害赔偿金额的计算方法显得尤为重要。按照侵权事故所造成的具体损害类型的不同，其损害赔偿金的计算和确定可分为无差异方法和汉德公式方法两种。

一　可替代损害与无差异方法

在人工智能侵权事故中，如果受害人的损失类型是有市场替代品的财产损害或是可以恢复的人身损害，即能够使受害人觉得"受到损害后得到赔偿"与"未遭受损害"在效用水平上无差异，则该损害属于有形的可赔偿损失范围，能够通过无差异方法计算受害人的所有损失，得出完全赔偿金额的具体值。比如，在2016年举办的中国国际高新技术成果交易会上，发生了一起机器人在未接收相关指令的前提下损坏展台并伤人的侵权事件。此时的人工智能侵权损害就属于有形的可赔偿损失范围，能够用无差异方法进行计算。无差异方法是世界各国侵权法所采取的计算损害赔偿的主要方法，在《中华人民共和国民法典》中也对其做出了相应规定①。根据无差异计算方法的原理，市场价格是其客观基础。对于具有市场替代品的财产损失，可以依据替代品的市场价格对损害进行较为准确的估算，达到"无差异"的赔偿目的。对于能够完全恢复的人身损害，受害人损失主要通过相关医疗费用和因损害导致的机会成本的计算得出。在司法实践中，机会成本的衡量因人而异，受害人的不同收入水平

---

① 《中华人民共和国民法典》第一千一百八十四条："侵害他人财产的，财产损失按照损失发生时的市场价格或者其他合理方式计算。"

会产生不同的机会成本，想要达到无差异赔偿标准，需要向高收入水平受害人支付比低收入水平受害人更高的损害赔偿金额。

不过，无差异计算方法在解决有形的可赔偿损失确定问题上并不总是有效的。首先，无差异计算方法中的"无差异"是指效用无差异而非价格无差异，因而在考虑所衡量损害对应的市场价格时，若侵害发生时间与损害赔偿时间跨度较大，仅以事发时损失的市场价格为标准计算补偿性损害赔偿金额而忽略市场价格的变动可能会造成实质上的责任差异，进而无法有效弥补受害人的损害，更降低了对侵害人的预防激励水平。其次，无差异计算方法是以已知行为人效用函数为前提，但经济学上认为效用是具有个人偏好主观性的概念，除行为人自身之外的其他人无法准确获知，因此想要实现无差异赔偿，还取决于受害人自己的意愿。受害人所愿意接受的赔偿金额也就显示出其效用函数，即该金额能够替代侵权损害造成的损失，这一逻辑也解释了以调解方式处理民事赔偿纠纷的正当性。

二 不可替代损害与汉德公式方法

当人工智能侵权事故造成的损害后果主要集中在无法找到市场替代品的财产损害以及不可恢复的人身损害、精神损害等方面时，由于这些无形的损害后果不存在市场价格，无差异方法就失去了它计算损失的作用。当前，在一些关于"无法赔偿的损失"的司法实践中，如在美国马萨诸塞州，法官为陪审团提供了损害赔偿金指导意见并要求陪审团按照常识予以判定。不过，这种计算的主观化可能会造成对完全赔偿这一目标的偏离，造成责任差异，具体表现为类似的无形损害后果在不同的国家、同一国家的不同法院判罚中被估算的金额存在明显的差距。以精神损害赔偿为例，美国的精神损害赔偿数额往往占总赔偿数额的一半以上（由然，2019）。但中国关于精神损害赔偿的裁判却谨慎得多，截至 2021 年 12 月 16 日在北大法宝－中国司法案例数据库中搜索标题"精神损害赔偿"相关民事案例共 35 件，所涉及的具体侵权类型涵盖人格权损害、机动车事故、特殊类型侵权等，其中仅有 25 件案例的原告所提出的精神损害赔偿主张得到了法院的支持，但具体的赔偿数额差距也很明显（见表 5-2）。为尽量克服对无形损害的主观化认定带来的责任差异，保证司法公正和统一，法经济学提出以汉德公式为基本原理，从风险防范角度计算赔偿金额，并将这种计算"无法赔偿的损失"的方法称为汉德公式方法（冯玉军，2018）。

表 5-2　原告胜诉的侵权案件的精神损害赔偿

案件类型	案件数量（件）	赔偿数额（元）		
		平均数	中位数	标准差
人格权损害	11	36272.82	20000	54903.31
机动车事故	4	33750.00	40000	17093.49
特殊类型侵权	3	52333.33	70000	32314.43
其他	7	42285.71	10000	66109.68
总计	25	39480.04	20000	52477.87

汉德公式方法与无差异方法在逻辑上保持一致，都是基于效用无差异。与无差异方法中的市场价格和无差异计算结果之间的因果关系类似，汉德公式方法中的"风险合理"和无差异计算结果之间也形成因果关系。具体来看，"风险合理"指以合理的预防成本控制事故风险。由此，汉德公式方法可以被表示为，通过估算采取预防措施的边际成本和事故的边际概率，进一步推算受害人对该损害的心理价格，即为侵害人应当承担的完全损害赔偿。假设行为人为实现自身有效预防水平所愿意付出的边际预防成本为 B，采取该预防措施后可使损害事故发生概率降低 p，且该事故会给行为人造成损失 L，则在有效预防水平下，有 $B = pL$，进一步可根据汉德公式求出该损害风险的价值为 $L = \dfrac{B}{p}$。若想实现侵害人对受害人的完全补

偿，则赔偿金数额与受害人损失 L 相等即可。

如在自动驾驶发生事故的案例中，在损害认定中，生命这一不可恢复的损害是无形的损害后果，其价值衡量可以根据汉德公式方法给出。以此为例，若使用者向汽车厂商额外购买一个价格为 1000元的安全装置，就能够降低 1/1000 的损害（死亡）概率，则表明该损害（生命）在使用者心目中的价值为 $L = \dfrac{B}{p} = \dfrac{1000}{\dfrac{1}{1000}} = 1000000$

（元）。可见，只要估算出 B 和 p 的值，就能够估算出与事故损失 L 相等的完全赔偿金额，且通过该方法得到的损害赔偿额度是具有威慑性和激励性的完全赔偿金额。

三　损害赔偿认定的影响因素

侵权责任制度通过侵权责任的设定来促使行为人选择最优的注意水平和行为水平的具体实施途径是以损害赔偿金的形式向行为人施加责任，由此，责任原则在达到有效率的注意水平和行为水平的程度方面将取决于损害赔偿金额的具体认定结果。若损害赔偿金额等于侵权事故所造成的总成本，则行为人会根据该损害预期选择最优的行为，侵权责任制度能够充分发挥其有效激励作用；若损害赔偿金额不足以弥补事故的实际成本，则会减弱侵权责任制度对行为人预防水平的激励效用；同理，若损害赔偿金额的认定超出了实际成本，会过度发挥侵权责任制度对风险行为的威慑和激励效用，造成资源的浪费。因而，人工智能侵权责任制度发挥其有效性的一个关键在于实现赔偿数额对损害成本的完全覆盖，即完全赔偿，而具体损害赔偿的认定可能会受到多方因素影响，造成其认定结果的或高或低。下面对影响人工智能侵权损害赔偿确定的三个主要因素展开具体分析。

1. 受害人的诉讼成本

在前面关于人工智能侵权事故总成本的分析中，出于简化分析的目的并未考虑诉讼成本，但实际上诉讼成本也是侵权案件不可忽视的社会成本之一。如果仅仅把侵权损害赔偿范围局限于事故损害本身而忽视受害人的诉讼成本的话，会进一步恶化受害人的境遇，使其承担更大的损失，甚至使得一些因赔偿数额不高而难以覆盖高昂诉讼成本的侵权案件不会被提起诉讼，有悖于侵权责任制度的法律目标。因此，人工智能侵权损害赔偿制度规则中需要考虑受害人的诉讼成本以及诉讼成本对损害赔偿具体认定的影响。

根据前面模型的分析可以发现，不论是过错责任原则还是严格责任原则，补偿性完全赔偿能够促使侵害人选择合理注意水平，但是在一些案件中侵害人也需要承担受害人的诉讼成本以更加充分地发挥制度的威慑功能。其一，无论是在何种责任原则的规制下，当受害人需要自行负担诉讼成本而诉讼成本又远超预期所获赔偿金额时，理性的受害人都不会选择诉讼，则侵害人也就无须为自己的侵权行为承担任何损害赔偿责任，侵权责任制度便不会对侵权行为产生威慑作用，侵害人也不再会采取有效预防措施。其二，即便侵权事故的受害人在遭到权益损害后都能够选择诉讼，但由受害人承担诉讼成本会使侵害人衡量其侵权行为的全部事故成本时低估成本，进而减少了侵权责任对侵害人采取有效预防措施的激励，导致结果偏离效率均衡状态。其三，当诉讼成本很低的时候，即便侵害人已经选择了有效预防水平，受害人也会因诉讼成本的低廉而选择诉讼，但此时的诉讼会造成司法成本的增加。虽然能够通过降低赔偿标准引导受害人减少诉讼来降低司法成本，但不完全损害赔偿也抑制了侵权责任制度对行为人注意水平的激励效用。因此，为避免无效率结果的出现，在考虑到诉讼成本的存在对受害人诉讼概率以及对侵害人有效预防激励影响的基础上，应要求事故的侵害人在一定程度上分担或全部承担受害人的诉讼成本，进而将诉讼成本考虑在事故社会总成本之中进行决策，有利于实现侵权损害赔偿制度的效率均衡。

若侵权案件的实际情况如模型中的假设条件一样，侵害人的注意水平会影响侵权事故损失的大小，那么，如果想要同时达到激励侵害人采取有效注意水平和受害人选择诉讼的目的，需要在侵害人采取有效注意水平时，使其所承担的损害赔偿金额和诉讼成本之和低于总的诉讼成本；在侵害人未采取有效注意水平时，使其所承担的损害赔偿金额和诉讼成本之和高于总的诉讼成本。通过这种方式，能够激励受害人在侵害人采取低水平的预防措施的情况下提起诉讼，以推动侵害人提高其注意水平至合理注意水平；反之，若在实际案件中，侵害人采取注意水平的不同并不影响侵权损害事故发生的概率以及损害程度，就无须强制侵害人承担诉讼成本，比如在一些由人工智能自主性或事故原因不明所导致的人工智能侵权事故中，创新生产者已经无法通过额外措施改变事故发生概率，就不再需要承担诉讼成本，这是因为即便通过对侵害人施加额外的成本负担，也不能通过激励侵害人采取预防措施的方式降低损害，反而引导更多的受害人选择诉讼，造成社会总成本的增加。

2. 侵害人的有限责任

在特定情况下，人工智能侵权事故的侵害人即创新生产者会由于某些自身原因而未能对其所造成的侵权责任损害进行完全赔偿，其中最为典型的就是侵害人的有限责任。在市场经济发展背景下，出于保护投资者的目的，企业的有限责任制度应运而生，其资产总量即为能够承担损害赔偿责任的上限。当侵权事故发生时，若事故损失低于资产总量的话，有限责任并不会对损害赔偿的认定产生任何影响。但是，当侵权事故损失规模超过生产者的资产总量时，生产者将无法承担全部损害赔偿责任，因而对于生产者来讲，此时侵权责任制度的预防激励作用会明显减弱，侵权人对自身预防措施的投入水平也会随着其资本总量的减少而减少；对于受害人来讲，由于并不知道自身损害得不到完全赔偿，其将仍按照完全赔偿的预期来进行行为决策。这种侵害人的有限责任会造成对受害人实际损害赔偿的不足，进而削弱了原有侵权责任制度对侵害人的激励效果。

在实际的经济生活中，无论是对于中小规模的企业还是对于资本雄厚的大型企业，生产者的有限责任问题都是不可回避的，特别是考虑到人工智能技术的高风险性以及人工智能应用的广泛性，很容易发生一些影响广泛的责任事故。因而，有限责任趋势已不可避免，这也加大了人工智能侵权责任赔偿不足的发生概率。

3. 法院的不确定性

在前面模型的假设中，关于立法者和司法人员的假设是以完全信息为前提的，即法院对于人工智能侵权责任事故的预期损失和事故发生概率等信息的掌握是足够全面的。但实际上，法院在判断侵权事故的损害范围、事故原因等方面是有可能犯错的。在过错责任原则下，法定注意水平的确定也关系着损害赔偿的认定结果，因为当侵害人注意水平达到法定注意水平时，就能够避免承担损害赔偿责任，有效的法定注意水平的设置成为关键。关于法定注意水平的设置，可选择两种不同方式：一是制定适用于行业整体的统一标准；二是根据不同侵权案件设置不同的法定标准。由于逐一制定的法定注意标准势必是一种事后标准，在事故发生前行为人无法先验地进行决策，此时事故双方行为人在对法律所希望的注意水平进行估计的过程中就存在相当的不确定性。因此，为排除这种不确定性，从而为行为人提供准确的预期，法院通常根据整个行业普遍适用的原则来对行为人法定注意水平进行设定，这虽然节约了交易成本，但也对法院提出了较高的要求，必须更加谨慎地设置法定注意水平，以便最小化由此造成的法律风险。法院在设定标准时可能会出现随机误差，侵害人不能确定其所采取的具体注意水平是否符合过错标准，导致责任成本的不对称性，从而导致侵害人采取较多的预防措施，故在标准模糊的情况下，法院应尽量宽容，以免加重侵害人过度预防问题。

另外，在人工智能侵权导致实际权益受损时，法院可能在对具体损害程度的估算过程中也存在不确定性。面对这种情况，如果法院在确定损害赔偿金额时，选择用平均损失程度来表示损害程度的话，则侵害人的损害赔偿责任也与其预期损失相等，因而同样能够引导行为人采取有效的预防水平和行为水平。此外，在事故真正发生以前，没有人能够完全准确地预测事故损害程度，只能根据经验和技术信息给出合理预期，因而事后关于侵权事故损害的认定过程还包括对不确定性损害的估算，并且这种不确定性会造成交易成本的增加。若估算这种未被预期的不确定性损害可能会耗费高昂的交易成本，而它对降低损害风险的激励影响不大，那么在这种情况下，可以将其排除在损害赔偿的确定范围之外。

第三节　惩罚性损害赔偿效率的博弈分析

惩罚性损害赔偿，又称示范性的赔偿或报复性的赔偿，具体指法院判定受害人可以获得高于其实际损害数量之外的增加赔偿，能够发挥补偿受害人遭受的损失、惩罚和遏制不法行为的多重功能（王利明，2000）。惩罚性损害赔偿在应对人工智能侵权领域中的一些侵权案件时同样能够发挥其作用。例如：在成熟的人工智能产品市场，生产者明知技术或产品具有缺陷仍然进行生产和销售活动，致使他人生命或健康遭受严重损害①，此时补偿性赔偿虽能够在一定数额上弥补受害人损失，但若只是根据一般填平原则，大概率是无法完全弥补受害人损失的，且侵害人无须支付惩罚性赔偿金，易造成受害人救济不足的局面。或者，在互联网服务商运用人工智能技术违规收集、获取使用者的隐私和个人信息，用以提取再加工形成

---

① 《中华人民共和国民法典》第一千二百零七条："明知产品存在缺陷仍然生产、销售，或者没有依据前条规定采取有效补救措施，造成他人死亡或者健康严重损害的，被侵权人有权请求相应的惩罚性赔偿。"在成熟的人工智能产品市场中，人工智能产品同样受产品责任规制。

更高价值的信息，造成用户隐私权受侵犯、个人数据被过度使用或不恰当披露等法律问题，除案件诉讼周期长、诉讼成本高以外，人工智能侵权与其他一般侵权相比更具隐蔽性和长期性特征，使得一般补偿性赔偿难以调动受害人的维权积极性，需要惩罚性赔偿制度对侵权责任制度的赔偿、制裁和遏制功能予以补充。面对以上法律问题，若适用惩罚性损害赔偿将会对行为人的决策产生什么影响？惩罚性损害赔偿能否激励受害人提起诉讼，能否威慑侵害人的侵权行为？为回答上述问题，本节通过构建博弈模型对惩罚性损害赔偿的具体作用机制进行分析。

一　基本假设

为简化分析，假定在一个特定的市场环境中，交易行为和可能的侵权行为发生在提供人工智能技术服务或产品的生产者和使用人工智能技术的使用者之间，则博弈模型的参与者分别为生产者（侵害人）和使用者（受害人）。此时，行为人均为风险中性的理性人，均具有对其决策行为的分析能力，并且均追求自身利益最大化，即每位参与者都以获得的净效用最大化为标准，理性地选择博弈策略并进行行为决策。另外，人工智能技术服务或产品的生产者与使用者之间无法实现信息的完全共享，生产者在产品质量方面具有信息优势，使用者诉讼与否也不会提前告知生产者，即博弈双方存在信息不对称问题。

（1）假定每个生产者提供的人工智能技术服务或产品是同质的，但是生产者在提供服务或产品的同时可以选择是否侵权，侵权行为包括生产不合格的产品或违规获取用户数据等。由此，博弈参与人中侵害方的策略选择即为侵权和不侵权两种。同时，使用者在使用人工智能技术服务或产品后，其策略选择有诉讼和不诉讼两种。博弈双方均存在相互依赖、相互影响的决策行为，当人工智能生产者或提供者的侵权概率过高时，使用者会在考虑自身权益受损概率提升的基础上选择对自己有利的策略；当使用者提起诉讼的次数增加时，生产者的预期法律成本也会增加，会考虑减少侵权行为的发生。因此，参与人在进行行为决策时，既受到自身因素的影响，又受到其他参与人行为的影响。

（2）在该博弈模型分析中，关注的重点是惩罚性损害赔偿的数额是否会对生产者决策和使用者决策产生影响，即二者是否会依据惩罚性损害赔偿的额度做出不同的行为选择。该模型想要实现的结果是在适用惩罚性损害赔偿的情况下，生产者能够因获得更高的收益而激励其减少侵权行为，使用者在权益受损时能够因获得足够多的赔偿而激励其选择提起诉讼。由此，假定生产者的生产成本为 C，若遵守规范可获得由提供人工智能产品或服务带来的生产收益为 R_t，若违规获取用户个人信息可获得的收益为 R_h，则生产者不侵权的净收益为 $R_t - C$，侵权的净收益为 $R_h - C$。不难发现，R_h 一定大于 R_t，否则无利可图的侵权行为不会发生，故 $R_h - C > R_t - C$ 成立[①]。侵权行为的高收益使市场中总会有一些生产者选择铤而走险，违反规定实施侵权行为以获取高收益，假定这部分"大胆"的生产者的数量占市场生产者总数的比例为 m，$m \in (0,1)$，则选择遵守规定不侵权的生产者的占比为 $1 - m$。并且，假定使用者合法权益未遭受损害时使用人工智能可获得的效用是 U_t，在合法权益遭受损害时获得的效用则是 U_h，有 $U_t > U_h$ 的关系。同时，当使用者选择向法院提起诉讼时，需要付出 S 的诉讼成本。假设使用者合法权益遭受生产者的侵害并向法院提起诉讼的话，法院总是会判罚侵害人向受害人支付惩罚性损害赔偿 V，V 一定大于事故损失 L。不过，尽管法院支持使用者维护自身合法权益，但总有一部分使用者由于法律意识淡薄等原因不会选择诉讼维权，因而假定选择维权的使用者占

---

① 同样适用于生产缺陷产品的情况，生产者选择"以次充好"，是通过降低生产成本的方式获得更高的收益，与本书的假设原理类似。

比为 n，则有 $1-n$ 的使用者选择不诉讼，$n \in (0,1)$。

二　机制设计

基于以上假设条件，在每一种策略组合中，博弈主体的收益函数由博弈双方的具体策略选择以及法律对惩罚性损害赔偿的认定共同决定。具体地，博弈参与人选择不同博弈策略所获得的收益情况如下（见图 5-3）。

（1）（生产者不侵权，使用者诉讼）：生产者选择遵守规定，则其所获得的净收益为 $R_t - C$；若此时使用者选择诉讼，由于生产者并未发生侵权行为，故法院不会同意使用者的赔偿请求，则其净收益应为效用减去诉讼成本，即 $U_t - S$。

（2）（生产者不侵权，使用者不诉讼）：生产者选择遵守规定，则其所获得的净收益仍为 $R_t - C$；由于使用者并未提起诉讼，节约了诉讼成本，故在此策略组合中使用者的净收益就是通过使用安全、规范的人工智能获取的效用水平 U_t。

（3）（生产者侵权，使用者诉讼）：当生产者选择违反规定收集使用者个人信息时，虽然可以获得较高的净收益 $R_h - C$，但由于权利受损的使用者提起诉讼，法院判定生产者须支付惩罚性损害赔偿 V，最终生产者净收益变为 $R_h - C - V$；反观使用者，虽然自身权益遭到损害，但通过诉讼的方式成功获得救济，最终的净收益为 $U_h - S + V$。

（4）（生产者侵权，使用者不诉讼）：生产者同样是通过侵害使用者的合法权益获得了高收益，但由于此时的使用者并未进行诉讼，也就无须额外支付任何赔偿成本，故生产者的净收益为 $R_h - C$；这时的使用者只能够沉默地被迫接受他人的损害，其净效用水平仅为 U_h。

根据图 5-3 的策略矩阵，为了使理性行为人的策略选择符合立法目标，就必须使行为人的目标策略在策略选择过程中具有比较优势，这样目标策略才能够因成为参与人的占优策略而被选择。侵权责任制度想要实现的激励目标是使生产者能够规范地提供人工智能产品或服务，同时令使用者在自身权益遭受损害时能够通过诉讼维护合法权益。因而，需要使生产者选择不侵权所得的期望收益高于侵权所得，使用者选择诉讼获得的期望收益高于不诉讼所得。并且，如果惩罚性损害赔偿数额能够影响以上目标策略实现的条件，即在目标策略条件中含有变量 V 的话，就认为惩罚性损害赔偿能够对参与人的策略选择产生影响。

使用者

生产者		诉讼	不诉讼
	不侵权	$R_t - C$, $U_t - S$	$R_t - C$, U_t
	侵权	$R_h - C - V$, $U_h - S + V$	$R_h - C$, U_h

图 5 - 3　惩罚性损害赔偿制度下的博弈策略矩阵

首先，考虑生产者的策略选择。根据制度目标，要求生产者通过选择不侵权所获得的期望收益高于侵权所获收益，则有：

$$n(R_h - C - V) + (1 - n)(R_h - C) \leqslant n(R_t - C) + (1 - n)(R_t - C) \quad (5.1)$$

整理不等式（5.1）后得：

$$n \geqslant \frac{R_h - R_t}{V} \quad (5.2)$$

当式（5.2）成立时，生产者不侵权所实现的收益将高于侵权所实现的收益，则不侵权成为其优势策略，能够选择提供符合规定的产品或服务。这就意味着，只有当 $n \in \left[\frac{R_h - R_t}{V}, 1\right)$ 成立时，生产者不会选择侵权，可以将该区间称为生产者的守法区间。那么，只有 $\frac{R_h - R_t}{V}$ 的值越小，生产者合规的可能性区间才能越大，才能更大程度地发挥出侵权责任制度的激励和威慑作用。

其次，考虑使用者的策略选择。与生产者分析类似，要求使用者通过选择诉讼所获得的期望收益高于选择不诉讼所获得的期望收益，有：

$$m(U_t - S) + (1 - m)(U_h - S + V) \geqslant m U_t + (1 - m) U_h \qquad (5.3)$$

整理不等式（5.3）后可得：

$$m \leqslant 1 - \frac{S}{V} \qquad (5.4)$$

同理，当式（5.4）成立时，使用者选择诉讼所能获得的期望收益将高于不诉讼的结果，因而在使用者权益遭到侵害时通常能够选择诉讼维权。这意味着，只有当 $m \in \left(0, 1 - \frac{S}{V}\right]$ 时，侵权责任制度能够给予使用者足够的激励引导其选择诉讼，可将该区间称为使用者的诉讼区间。因而，当 $\left(1 - \frac{S}{V}\right)$ 的值越大，使用者诉讼的可能性区间也越大，能够更大程度地激励使用者选择诉讼。

三　决策分析

根据上一节的博弈分析结果可得，生产者的守法条件区间以及使用者的诉讼条件区间，本部分继续对生产者和使用者的决策展开深入分析。

考虑生产者的决策。生产者合规提供产品或服务的条件是 $n \geqslant \frac{R_h - R_t}{V}$，影响因素包括侵权可获得的收益 R_h、遵守规定可获得的收益 R_t 和惩罚性损害赔偿 V。在人工智能使用者诉讼概率一定的情况下，立法者需要通过扩大守法区间以更多地实现生产者合规提供产品或服务。为此，根据式（5.2）可知，若分母中惩罚性损害赔偿 V 值保持不变，则需要使分子中生产者不同决策下所获得的收益差值

$R_h - R_t$ 变小，即减少 R_h、增加 R_t。从实际来看，可以采取的措施如由政府监管部门或者行业协会定期向公众披露人工智能企业合规经营情况，对规范经营企业进行重点宣传，能够吸引更多用户使用该企业的产品或服务，增加收益 R_t；同时对违规获取用户隐私及个人信息的企业进行通报并处以罚款，在增加企业违法成本的同时，还能降低企业在目标人群中的信用认可度，减少用户使用量，进而减少侵权收益 R_h。由此，以上措施均能够降低 $R_h - R_t$ 的值，进而扩大生产者的守法区间。考虑另外一种方法，若分子中生产者不同决策下所获得的收益差 $R_h - R_t$ 不变，当分母中惩罚性损害赔偿 V 值增大时，同样能够扩大生产者的守法区间，使生产者在决策时更大概率选择不侵权。根据模型及上述分析可知，惩罚性损害赔偿 V 的变化能够影响生产者的策略选择，当其数额很大时，能够有效威慑生产者减小侵权概率。

考虑使用者的决策。使用者能够积极诉讼的条件是 $m \leq 1 - \dfrac{S}{V}$，影响因素包括使用者的诉讼成本 S 和惩罚性损害赔偿 V。根据该条件可知，能够激励使用者积极诉讼的是更低的诉讼成本以及诉讼可获得更高的损害赔偿。一方面，人工智能使用者的诉讼成本不仅源于司法程序所耗成本，更多则是来自举证成本。现有的消费者维权制度已经极大地降低了交易成本，但因为人工智能技术的专业性极强且侵权行为具有隐蔽性，一般受害人无法轻易证明其缺陷或侵权行为的存在，即便是能够证明也要付出巨大的成本。由此，为有效降低受害人的诉讼成本，应当合理分配证明责任，甚至由法院对使用者一方进行倾斜保护。另一方面，增加惩罚性损害赔偿 V 同样能够实现扩大使用者的诉讼区间的目的。以上这些措施都能有效地激励人工智能使用者在自身权益受损时积极地选择诉讼手段来维护权益。

综合生产者守法区间 $n \in \left[\dfrac{R_h - R_t}{V}, 1\right)$，以及使用者诉讼区间

$m \in \left(0, 1 - \dfrac{S}{V}\right]$ 来看，虽然调节生产者的不同策略收益 R_h 和 R_l 能够对生产者行为决策产生影响，但无法同时对使用者的诉讼行为产生激励，因为式（5.4）中并不包括这两个变量。同理，根据式（5.2）可知通过降低诉讼成本来鼓励消费者诉讼也不能对生产者决策产生影响。不过，在两个不等式所包含的变量中，都包括惩罚性损害赔偿 V，那么，可以通过对惩罚性损害赔偿额度的调整来进一步影响生产者和使用者的行为决策。当其他变量均保持不变的情况下，随着惩罚性损害赔偿 V 的增加，生产者遵守规定提供产品或服务的守法区间扩大，则生产者更大概率不会侵害使用者权益，同时使用者的诉讼区间也进一步扩大，激励使用者选择诉讼来维护权益。由此可见，惩罚性损害赔偿 V 的变动，能够同时影响人工智能侵权事故中侵害双方的策略选择，即生产者侵权行为和使用者诉讼行为决策的双向调整，并且，通过惩罚性损害赔偿实现的双向激励效用要优于通过其他变量实现的单向激励效用。

综上所述，惩罚性损害赔偿对事故行为人决策双向激励的有效性，就是在应对某些人工智能侵权事故时选择适用惩罚性赔偿制度的法经济学依据，也是法院判处惩罚性损害赔偿的合理性和正当性理由。特别是在一些用户个人信息和隐私被侵害的案件中，使用者的权益损害不如一般财产损失可以被准确估计，可以借助惩罚性损害赔偿将其损害成本内部化为侵权人的成本，补充侵权责任制度的激励功能。另外，根据上述博弈模型的分析结果，想要真正发挥惩罚性赔偿制度在规制人工智能侵权领域的有效性，惩罚性损害赔偿具体额度的确定需要法官针对个案进行充分考量，做出与实际侵权行为相适应的惩罚性损害赔偿判决，进一步保证侵权行为的外部成本充分内部化，激励侵害人采取有效的预防措施，引导人工智能产业规范、有序发展。

第四节　本章小结

侵权责任制度以强制侵害人向受害人支付赔偿金为具体手段，实现当事人侵权行为外部成本的内部化，追求侵权事故社会成本最小化的制度目标，使得人工智能侵权责任制度在激励行为人采取有效的预防措施的同时，有效弥补受害人的侵权损害，发挥侵权责任制度的补偿、救济、威慑、预防等功能。在人工智能侵权责任制度的具体运行中，赔偿金的确定关系着制度运行效率。

侵权行为的发生总是会在给侵害人带来侵权收益的同时也给受害人带来权益损害，因此侵权事故赔偿金的衡量基础既可以选择侵害人的侵权收益，也可以选择受害人的侵权损害。一般来讲，当法院能够十分准确地对事故中的侵害人收益和受害人损害进行估计时，无论是以损害还是收益作为赔偿金的责任衡量标准，都能够发挥制度的威慑效用。但是，当法院对侵权的实际收益或损害估计结果存在偏差时，进一步考虑计算赔偿金数额的偏差问题发现，无论是以严格责任还是以过错责任为归责原则，无论法院对侵害人收益和受害人损害的法律估计是否存在错误，也无论行为人能否预期到法院估计错误，以受害人损害作为赔偿金的责任衡量基础都能实现不低于以侵害人收益为赔偿金的责任衡量基础所达到的威慑效率，因此，在确定事故的侵害人向受害人所支付的补偿金额时，选择受害人损害程度为责任衡量基础更具有效率。

在明确了侵权赔偿金的责任衡量基础是受害人的损害程度后，进一步展开对确定补偿性损害赔偿金的计算方法的研究。根据人工智能侵权行为可能带来的侵权损害后果的不同特征，可将补偿性损害赔偿金的计算方法分为适用于可替代损害的无差异方法和适用于不可替代损害的汉德公式方法。除此之外，想要实现补偿性赔偿金对受害人损害的完全赔偿，在赔偿具体落实的过程中还会受到受害人诉讼成本、侵害人有限责任、法院的不确定性等因素的影响，进而影响人工智能侵权责任制度的激励效应。

　　当补偿性损害赔偿金发挥的激励效用不足时，惩罚性损害赔偿金也能够对人工智能侵权责任制度的激励效用形成补充。虽然有学者担心惩罚性损害赔偿会妨碍交易的进行，不利于人工智能产业的发展，但在应对某些特殊的人工智能侵权案件中，惩罚性损害赔偿具有其合理性。通过构建人工智能侵权的侵害人与受害人的博弈模型发现，惩罚性损害赔偿能够有效发挥对事故行为人决策的双向激励效用，为应对一些特殊类型的人工智能侵权事故时选择适用惩罚性赔偿制度提供了法经济学依据，也为法院判罚惩罚性损害赔偿给出合理性理由和判决数额计算的有效指导。不过，惩罚性损害赔偿具体额度的确定需要法官针对个案进行充分考量，才能够充分发挥惩罚性赔偿制度在规制人工智能侵权领域的有效性，保证侵权行为的外部成本能实现完全内部化，激励侵害人采取有效预防措施规避侵权，鼓励受害人提起诉讼，引导人工智能产业规范、有序发展。

第六章　人工智能侵权风险规制的
国际经验借鉴

引领人工智能技术创新发展的不仅仅是市场因素，政府因素也同样发挥着重要作用。虽然人类并未迈入强人工智能时代，但为抢占新一轮科技革命的制高点，众多国家和地区已经意识到伴随人工智能发展而生的伦理安全风险正在挑战着现有法律制度体系。当深刻认识到技术创新的法律规制是世界各国都必须解决的问题时，健全人工智能侵权责任法律制度体系就成为一个国家在人工智能时代增强国家竞争力、规范人工智能产业发展的必要前提。以欧盟、美国和英国为主要代表的国家和地区，已经迅速反应并展开对人工智能施以特定法律规制的创新性尝试。为更好地把握国际趋势，避免形成"技术孤岛"的局面，并顺应全球化的趋同融合，本章将针对具有代表性的欧盟、美国和英国等国家或地区在人工智能侵权领域的相关立法尝试进行梳理和总结，以寻找可供中国借鉴的立法思路和规制经验。

第一节　欧盟

基于制定规范的能力、欧盟市场的规模效应以及形成的道德引导力，令欧盟所制定的规范常具有"布鲁塞尔效应"①。在人工智能

---

① 布鲁塞尔效应（Brussels Effect），由芬兰裔哥伦比亚大学法学院教授阿努·布拉德福德提出，具体指欧盟凭借市场力量对全球市场进行单边监管的能力。

领域也不例外，欧盟是国际范围内较早展开人工智能领域伦理发展讨论的地区，其提出的关于人工智能发展指导建议也最为具体。自2015年决定成立专门工作组来开展关于人工智能相关法律问题的研讨工作以后，欧盟就不断推出在人工智能领域立法的创新之举。2017年2月，欧洲议会通过了一项关于《机器人民法规则》的决议，详细列出了关于最终民事规则所含内容的建议清单，迈出了欧盟人工智能立法尝试的第一步；2018年12月，欧盟委员会推出《欧盟人工智能战略》和《欧盟人工智能协同计划》，强调强化关于人工智能风险应对策略问题的相关研究；2020年2月，欧盟委员会发布《人工智能白皮书》，提出了对人工智能应用实施分类分级监管的政策设想；直至2021年4月21日，欧盟在其官网公布了《人工智能法案》提案的谈判授权草案，该提案作为早前发布的《人工智能白皮书》的前沿立法，采取具体法律框架的形式与各成员国实施的协调计划积极结合，旨在建立关于人工智能技术规制的统一规则，其规制对象宽泛地涵盖了几乎全部适用传统及新兴人工智能技术的系统。

一　人工智能侵权规制方面

根据以上欧盟关于人工智能领域立法规制的尝试，可以将其中涉及人工智能侵权责任部分的规则总结为以下几个方面。

1. 人工智能的法律地位

欧洲议会认为，机器人的自主性可以被定义为独立于外部控制或影响而做出决定并实施的能力，自主性越强的机器人就越不能被简单认为是其他参与者（如制造商、运营商、用户等）手中的简单工具，也由于其自主性，传统规则不足以应对机器人造成损害后的法律责任划分及赔偿问题。人工智能在独立决策后发生侵权行为却又无法自行承担损害赔偿责任，进一步引发关于是否应该在法律上创建一个具有特定特征的新类别主体的思考。基于以上讨论，欧盟提出为机器人创造特定的法律地位，即授予复杂的自主机器人以

"电子人"法律地位，并可能将该电子人格应用于机器人独立做出决策或与第三方互动的场景之下，赋予其诸如著作权、劳动权等特定的权利与义务，同时还建议为自主机器人设立登记册，便于为其开设涵盖法律责任的资金账户。

2. 人工智能侵权责任认定

面对人工智能侵权对现有责任制度带来的挑战，欧盟强调无论选择何种法律规则来解决人工智能侵权问题，在未来立法中均不应限制受害人可追偿的损害类型或损害程度，也不应借口损害是由非人类的人工智能造成而限制向受害人的赔偿形式。根据这一原则，进一步对欧盟提出深入评估以严格责任或是风险管理方法来应对复杂的人工智能侵权责任问题的建议。其中，严格责任只需要证明损害的发生且能够在机器人行为和受害人损害之间建立因果关系；风险管理方法则不注重把"行为过失"作为个人责任的依据，而是关注在某些情形下能够最小化风险和负外部性的人。两种应对方法分别体现出不同的侧重点，严格责任方法侧重于明确简洁的责任构成要件，而风险管理方法更关注社会整体效率水平。此外，欧盟还提出了将责任大小与机器人的自主程度相关联的建议，即机器人自主性越强，机器人训练时间越长，训练者的责任就越大，这也从侧面表明了当前阶段欧盟认为人工智能侵权责任的承担者主要是人类而非人工智能的立场。

3. 人工智能侵权责任承担

在人工智能侵权责任的具体承担方式上，欧盟主张通过强制保险机制和赔偿基金的模式予以应对。考虑到人工智能侵权损害责任分配的复杂性，为特定类别的机器人建立强制性保险计划，该保险并非如普通的道路交通保险一般只是简单地覆盖由人为及故障造成的责任，而是涵盖了人工智能全链条中所有的潜在责任，并且通过赔偿基金形式加以补充，以确保在没有保险的情况下依然能够对损害进行赔偿。具体来看，虽然允许研发者、制造者、用户等多方主体在购买保险或提供赔偿基金的前提下承担有限责任，但关于赔偿基金的具体运行模式仍未有定论，比如是为每种类型的人工智能分别建立赔偿基金，还是为所有人工智能建立一种赔偿基金；赔偿基金中资金是以人工智能投入市场时的一次性支付捐款形式获得，还是在人工智能使用周期内以定期捐款形式获得，这些问题均值得商榷。

二　人工智能监管方面

欧盟在人工智能监管方面提出了较多的构想，尤其是通过成立欧盟人工智能委员会这一特定监管部门来负责监督人工智能新规则的实施和相关标准的制定工作，并由其协调欧盟各成员国的行动。同时，基于人工智能不同应用场景的风险差异性，欧盟将人工智能系统由低到高分为极小风险、有限风险、高风险、不可接受四个不同的风险等级，并针对不同等级实施不同程度的规制，构建以人工智能风险为基础的分级监管体系（见表6-1）。

表6-1　欧盟关于不同应用场景的人工智能系统风险分级监管体系

风险等级	规制强度	应用场景
极小风险	未实施干预	提供视频、游戏、垃圾邮件过滤等简单功能的人工智能赋能工具
有限风险	应履行特定透明度义务，保障用户知情权和选择权	用户能够意识到其本身与人工智能系统交互且能够随时选择继续或停止交互行为，比如具有透明度的聊天机器人等
高风险	应被严格管控，在符合一定强制性要求的情况下才能够进入欧洲市场	其应用可能危及公民人身安全和基本权利，分为八个高风险领域：关键基础设施领域（如无人驾驶）、就业领域（如招聘）、教育和职业培训领域（如招生录取）、社会保障领域（如银行贷款）、执法领域、司法领域、移民和边境管理（如移民风险评估）以及产品或系统的安全组件（如辅助医疗）

风险等级	规制强度	应用场景
不可接受	在欧洲市场上被严格禁止	其应用会对公民的安全、基本权利和社会公平构成明显威胁，如使用智能语音辅助的玩具来鼓励、操纵未成年人从事危险行为

此外，欧盟还考虑到监管在一定程度上可能会阻碍人工智能创新发展的问题，进而提出创建人工智能"监管沙盒"机制的设想。人工智能监管沙盒是由机构面向人工智能企业提供的一个可以控制的环境，企业可以在该环境下按照一定规则对即将投入市场的创新型人工智能系统进行测试和验证，以此减少监管对人工智能初创企业和中小型企业持续创新的负外部性。

总体来看，欧盟关于人工智能规制的重心在于强化各国协同推进制定人工智能的伦理道德标准，以巩固其在新兴产业领域的话语权。虽然欧盟关于控制人工智能伦理安全风险的相关规范性文件仍较多地停留在原则性层面，缺乏具体操作层面的规范性文件，但是不断推出的《人工智能白皮书》和《人工智能法案》等文件也都表明欧盟正在积极推进相关监管政策的落地实施，尝试着从原则层面向实际层面、从粗放治理向细致治理迈进的决心。欧盟人工智能立法提案的出台和推进，势必在相当大程度上加快各国制定人工智能领域规制政策的脚步，如同《通用数据保护条例》的深刻影响一般。与此同时，欧盟以立法的方式对人工智能伦理安全风险进行规制，能够通过法律的强制约束力引导人工智能行业在研发、设计以及应用过程中加强关于人工智能技术风险的思考，有益于人工智能行业的可持续发展，这也是人工智能立法的意义所在。

第二节　美国

虽然美国在人工智能创新领域处于全球领先水平，但局限于人工智能算法的可解释性，保守的美国政府始终未出台完整的、全面的联邦人工智能规制方面的战略或政策。但是，在自动驾驶汽车这一人工智能技术实际应用领域则较早展开了人工智能侵权责任的法律探索。

一　人工智能监管方面

2020 年，美国政府在公布的《人工智能应用规范指南》中为所有联邦机构提供了制定有关人工智能技术和工业领域监管方法的指导，并且表明促进人工智能的创新和发展是美国政府的目标，要求联邦机构在监管方面必须避免不必要的妨碍人工智能创新和发展的行为。在该指南中，重点提出了美国政府针对通用或特定行业人工智能应用程序的设计、开发、部署和操作制定监管和非监管措施考虑的十项原则[①]，其中特别提及在考虑出台与人工智能应用程序的开发和部署相关法规之前，各机构应在符合法律的情况下，仔细考虑全部社会成本、收益和分配效果，即收益和成本原则，这一原则本质上与本书关于人工智能侵权责任规制的思考不谋而合，以卡尔多—希克斯效率为目标进行制度安排的制定能够最大限度地推动人工智能的发展。总的来看，美国秉持鼓励创新、包容审慎的态度来应对人工智能对经济社会带来的风险挑战，对人工智能领域尽量采取不干涉的监管方式。

二　自动驾驶汽车领域侵权规制方面

相较于匮乏的顶层战略政策，美国在自动驾驶汽车这一人工智能实际应用领域则较早展开了侵权责任的法律探索。2016 年 9 月，

---

① 《人工智能应用监管指南备忘录（草案）》中提及的"十项原则"具体指：（1）公众对人工智能的信任；（2）公众参与规则制定；（3）科学诚信和信息质量；（4）风险评估和管理；（5）收益和成本；（6）灵活性；（7）公平和非歧视；（8）信息披露和透明度；（9）安全和安保；（10）跨部门协调。

NHTSA 推出名为《联邦自动驾驶汽车政策：加速下一代道路安全革命》的规定，第一次将自动驾驶规范纳入法律框架体系中，开辟了自动驾驶汽车分级监管的规制路径。此后，美国交通部几乎保持着每年更新一个版本的惯例，分别于 2017 年 9 月、2018 年 9 月和 2020 年 1 月依次发布指导性文件《自动驾驶系统 2.0：安全愿景》《自动驾驶汽车 3.0：准备迎接未来交通》《自动驾驶汽车 4.0：确保美国自动驾驶领先地位》，可以发现美国对自动驾驶汽车的态度由保守逐步转为开放，政府监管力度弱化、更依赖市场力量调节的法律规制趋势。特别是在《自动驾驶系统 2.0：安全愿景》（又称自动驾驶法案）中，较为详尽地阐述关于自动驾驶汽车的消费者保护、促进创新开发、提高流动性等相关问题。虽然该法案最终并未在国会获得通过，但仍具有借鉴意义。综观前述美国政府以及各州关于自动驾驶汽车道路测试的相关立法尝试，大体可总结出以下几个方面的特征。

1. 自动驾驶汽车的责任归责

一方面，美国佛罗里达州、密歇根州和哥伦比亚特区等以立法形式明确界定自动驾驶汽车的初始生产者和改造者之间的责任划分问题，即在通过改装将自动驾驶技术装嵌到由其他原始生产者生产的汽车上的情况下，可以认定初始汽车生产者无须对因自动驾驶汽车缺陷造成的损害承担侵权责任，除非有证据能够表明车辆在改造前已存在致损性缺陷。比如，谷歌将自己研发的人工智能自动驾驶技术安装在福特生产的汽车上，而这台改装后的自动驾驶汽车造成交通事故，则相应侵权责任将由谷歌承担，福特可以据此免责。另一方面，加州政府等关于自动驾驶汽车驾驶人责任也做出相应规定，认为位于驾驶位置上开启自动驾驶模式的操作者，同样需要承担交通事故责任，改变了交通事故责任中关于传统驾驶人的定义。由此，美国各州已经在立法之中分别确认自动驾驶生产者、改造者和使用者作为责任主体的事故责任界定问题，这也意味着并未考虑赋予人工智能独立承担责任的法律主体地位。

2. 自动驾驶汽车的监管

首先，美国选择系统地整合交通部、司法部等多个政府主管部门关于自动驾驶的相关职能，既能提高监管效率，又能高效地协同推进智能网联汽车产业化。其次，不断更新不同版本的自动驾驶规范正在将政府监管体系加以简化和统一，避免相关汽车企业在各个不同的州会受到不同法律法规的规制，节约交易成本。最后，美国政府对于各领域科技创新发展普遍秉持"监管阻碍创新""技术中立""保护创新和创造力"的基本态度，人工智能领域也不例外。

美国政府要求联邦机构在应对人工智能问题时须避免不必要的监管行为或非监管行为，以免妨碍人工智能的创新和发展，所以美国交通部所编制发布的一系列与自动驾驶汽车相关的政策规划均为非强制自愿性指南，甚至在《自动驾驶汽车4.0：确保美国自动驾驶领先地位》中还废除了汽车厂商对其自动驾驶汽车进行安全评估的强制性要求，改为自愿评价方式，体现出美国政府对人工智能监管的开放态度。

3. 隐私保护和信息披露

美国政府虽然对人工智能创新监管采取开放的态度，但为获取社会对人工智能的信任，十分注重人工智能系统运作过程中对公民隐私权的保护。一方面，针对自动驾驶汽车运行过程中所收集的用户个人信息，需要由自动驾驶汽车的生产者以书面声明的形式明确告知相关信息的收集范围，防止营销公司过度收集使用者个人信息，危害使用者权益。另一方面，要求自动驾驶汽车的生产者和销售者遵守由监管部门制定的隐私保护技术标准，以防范人工智能收集到的用户隐私信息被恶意使用的风险，降低人工智能发展的安全风险。

综观美国在人工智能领域的立法尝试，与欧盟注重人工智能伦理安全标准的顶层构建思路不同，美国选择设立基于效益而非基于设计的立法监管模式，以此来灵活适应国际人工智能发展的快速变化，确保自身在人工智能相关领域的领先地位。由于美国当前的主要目标是尽可能减少人工智能带来的特定危害，尝试从根源上化解或降低其侵权风险，而对人工智能领域的监管问题尽量不干涉，因而尚未形成完整的人工智能侵权责任制度体系。

第三节　英国

人工智能时代下，作为人工智能之父艾伦·图灵诞生地的英国也不甘落后，先后制定了一系列的人工智能发展战略，目的是确保自身作为科学和人工智能大国的领导地位，并抓住人工智能创新的机会完成经济转型。2013年，英国将"机器人技术及自治化系统"列入"八项伟大的科技"计划之中，提高对人工智能发展的重视程度。直到2016年，英国对外发表报告《机器人与人工智能》，打破了英国原本的多机构在各自权利范围内应对人工智能应用影响的局面，而是建议设立专门的人工智能委员会来负责审查人工智能发展对英国社会、伦理和法律等方面的影响，以及向政府提出相关建议。在该报告以及之后发布的《英国人工智能发展的计划、能力与志向》中，与人工智能相关的伦理、道德、法律方面挑战逐步成为英国政府关注的重点之一，强调人工智能的安全与管控。2021年9月，英国公布其《国家人工智能战略》，明确介绍国家人工智能战略愿景，这是英国第一个专门用于长期提高人工智能技术的计划。综观英国人工智能领域相关政策规范，虽然其人工智能定义监管方面已经落后于欧盟，但在一些方面也仍然具有可借鉴性。

一　人工智能侵权规制方面

伴随着人工智能的广泛应用而产生的法律责任问题同样引起了英国政府的重视。在英国议会看来，人工智能技术是可能出错并造成损害发生的，但是仍需要进一步考虑和研究的问题在于建立新的法律责任制度是否必要，或者其现有的责任制度能否充分应对人工智能的法律责任风险。针对这一问题，英国议会向法律委员会提出建议，主张应当充分研判当前立法在解决人工智能法律责任问题上的充分性，并提出关于可责性和可理解性的明确原则（曹建峰，2018）。实际上，英国对人工智能领域侵权问题的整体性规制措施并不多，而是将更多的立法相关讨论集中于自动驾驶汽车领域发生的法律责任问题上。为了应对自动驾驶汽车事故中无法准确分配自动驾驶汽车生产者、人工智能设计者以及司机之间法律责任的问题，英国政府发起了一项主要内容为"扩大汽车强制保险的适用范围到产品责任，在驾驶者把汽车控制权完全交给自动驾驶汽车的人工智能系统时为他们提供保障，而法院将根据现行《消费者保护法》中的产品责任以及普通法下的过失原则对驾驶者进行裁判，进而实现具体的事故责任认定"的提案，希望通过提案来解决自动驾驶汽车事故的责任认定问题（腾讯研究院，2017）。从该提案的内容中可以看出，现阶段的英国更加偏好于通过对现有制度安排做以调整来应对和解决人工智能发展中出现的侵权法律责任认定和承担问题，并希望能够从人工智能技术的算法、参数、使用目的等角度入手实现人工智能的可归责性和透明度要求，减少人工智能侵权法律问题，而对于完全自主的人工智能侵权责任问题并未给出自己切实可行的回答。

此外，英国在人工智能创作物的权利归属方面形成了前瞻性的研究成果，也可以在一定程度上化解人工智能知识产权领域的侵权难题。英国在人工智能创作物权利归属方面的立法规制可以追溯到20世纪70年代，当时的规制对象是计算机创作物的著作权，英国将该权利赋予为创作作品而操纵和调控计算的一个或多个自然人，而后在1981年又将著作权所有人修改为通过计算机创作且为此承担法律责任的人（张大伟、王梓，2021）。在1988年颁布的《版权、设计和专利法案》中，英国进一步从立法层面明确计算机生成物概念界定、权利归属等问题。该法案的第 178 条规定对计算机生成物进行定义："在没有人类作者的参与下，由计算机独立创造出来的作品。"这一简洁的定义也同样符合目前人工智能创作物的特征，为该法案的合理适用提供了前提（慕晓琛，2019）。而该法案的第 49 章第 9 条（3）则是阐明了对于由计算机生成的文字、戏剧、音乐或其他艺术作品而言，其作者就应当被认为是为了创造这个作品所做出必需安排的人。因而类比来看，人工智能创作物的作者应当被认定为研发相关算法或程序的算法工程师，即由开发者拥有人工智能创作物的所有权。不过，英国也认识到随着人工智能技术水平的提高，算法工程师对人工智能生成物的影响在逐渐削弱，也考虑对现有法律进行必要的修改。

虽然英国版权法对解决如今的人工智能相关法律问题并非完美适用，但是在计算机尚未大规模普及的 20 世纪 80 年代，英国立法者能够预见到人工智能时代下技术将改变版权作品形式并颇有远见地对其进行规制，这一经验充分说明在制度建设方面把握发展趋势并予以前瞻性立法能够形成明显的制度优势，进而增强国际竞争力。

二　人工智能监管方面

2020 年 2 月，英国公共生活标准委员会发布审查报告《人工智能与公共标准》，并在其中指出英国不需要成立专门的人工智能监管机构，当前英国所建立的原则足以涵盖人工智能发展的风险问题。当前与人工智能行业相关的人工智能委员会以及数据伦理和创新中心（CDEI），都并非严格意义上的监管机构，特别是 CDEI 只作为人工智能咨询机构，更多的是负责分析和预测人工智能发展带来的机遇和挑战，并在此基础上给出切实可行的法规建议或解决方案。英国认为不需要建立专门的人工智能监管机构的原因主要有两个方面：一方面，人工智能技术往往与各类不同产品相结合，而这些产品已经处于相关部门的有效监管之下，就无须花费额外成本重复地对人工智能进行专门监管；另一方面，由于人工智能发展速度迅猛，无效的监管极有可能抑制人工智能的发展，更加主张进行事后监管或行业自律而非制定细致的法律进行硬性规制。综上所述，英国政府认为在当前发展阶段下，对于人工智能的监管工作可以交由各行业完成，中央政府的工作重心则在于通过制定国家行业标准以及人工智能伦理准则等抽象性规制方式引导人工智能安全发展，同时也打消公众对人工智能技术风险的不信任，为人工智能大规模生产及应用创造良好的条件。

第四节　本章小结

比较来看，欧盟与美、英两国在人工智能技术应用监管和侵权责任的法律规制问题上选择了两种截然不同的规制路径。其中，欧盟希望通过立法的方式来化解人工智能伦理安全风险，选择建立适用人工智能的责任制度，以法律的强制约束力来引导人工智能产业发展，并将人工智能的监管工作交由专门的欧盟人工智能委员会负责，体现了法律制定的具体性。但是，美国在人工智能立法层面较为保守，主张对人工智能发展秉持宽容自由的监管态度，在相关法律活动中更是以经济效益为首要目标，因而只是选择对某些人工智能应用领域进行一定程度的规制，并未形成完整的侵权责任制度。而英国对人工智能发展中侵权责任规制与监管的态度与美国类似，希望通过对人工智能技术的进一步解释和创新实现从源头解决人工智能侵权问题，认为现有监管机构和法律制度能够在一定程度上应对人工智能发展带来的挑战，并尝试将人工智能侵权问题借助现有制度安排进行解决，体现了法律制定的抽象性。

这两种不同的人工智能侵权规制路径能够给予中国一定的启发：一方面，若人工智能法律规则的原则性太强，比如美、英两国，会给执法部门留有过大的解释余地，不利于发挥制度对市场主体行为的规范引导作用，无法达到降低人工智能发展风险的目的；另一方面，若人工智能法律规则的规定过于详尽，比如欧盟，会使得法律难以跟上人工智能日新月异的发展步伐，甚至对人工智能产业的创新和发展形成桎梏。由此可见，中国在构建人工智能法律规制体系时也需要在抽象和具体之间进行一定的平衡和取舍。此外，在人工智能监管和侵权规制的具体实施上，欧盟、美国和英国的一些举措也值得我们借鉴。例如，在人工智能监管方面，由于人工智能技术的应用涉及众多领域，欧盟选择通过区分人工智能的不同风险等级的方式来采取分级监管体系，能够降低监管成本，并实现人工智能的灵活监管，中国同样可以借鉴这种分级或分部门监管方式，既能够对当前人工智能应用形成有效监管，又能够便于调整和满足新出现的人工智能技术应用监管需求。在人工智能侵权规制方面，欧盟和英国都重点关注了强制保险在履行人工智能侵权责任方面的重要意义。其中，英国希望扩大强制保险范围到产品责任以覆盖自动驾驶汽车的侵权责任，欧盟则是提出特定的、涵盖人工智能全链条中所有潜在责任的人工智能强制性保险计划，并以赔偿基金形式形成补充，保证人工智能侵权责任的承担。人工智能责任强制保险制度和人工智能储备基金制度既能实现对受害人的充分救济，提高社会对人工智能的接纳程度，又能减轻人工智能企业的责任负担，使其专注于人工智能技术的安全创新，对于中国人工智能侵权责任制度的构建也具有一定的借鉴意义。

第七章　构建中国人工智能侵权
责任制度的建议

　　技术与法律的发展既可相互促进，也可彼此制衡。技术创新的历史也向我们证明，社会对变化做出反应的速度与技术发明所具有的巨大潜力之间的差距，造成了人类历史上最重要的矛盾（拉里·唐斯，2014）。作为第四次科技革命浪潮中最为瞩目的人工智能技术，更是深刻影响着经济社会的方方面面，这就要求人们在制定和执行人工智能相关政策法律时，必须对其发展的重要趋势做充分的前瞻性思考。在以往的科技革命中，中国作为追赶型国家可以对各国成熟的科技创新法律管控历史进行借鉴，但在人工智能领域，中国已经走到了世界前列，可供我们参考和借鉴的经验并不多。那么，中国由后发型国家转化为先发型国家，如何基于已有现状以及对未来的合理预期来创新人工智能侵权责任制度法律体系值得深思。

　　从人工智能侵权案件的典型案例来看，当前侵权责任制度在应对人工智能侵权纠纷案件中表现出责任主体混乱、过错认定模糊、因果关系证明困难等问题，产生了极高的交易成本，损害经济效率，印证了人工智能侵权责任制度建立的必要性。同时，法律制定的具体性和抽象性是人工智能法律规制过程中的一对矛盾，一方面，若人工智能法律规则的原则性太强，会给执法部门留有过大的解释余地，不利于发挥制度对市场主体行为的规范引导作用，降低人工智能发展风险；另一方面，若人工智能法律规则的规定过于详尽，则法律难以跟上人工智能日新月异的发展步伐，形成制约人工智能产业的创新和发展的不利局面。所以，在人工智能法律规制体系的构建选择中需要在抽象和具体之间进行一定的平衡和取舍。本章将结合前文理论研究以及国外可借鉴的经验，以科学理论指导立法实践的方式，提出符合中国经济社会发展规律的人工智能侵权责任制度的构建思路，为相关立法活动提供参考性建议。

第一节　构建人工智能侵权责任制度必要性的案例分析

一　典型案例——中国首起特斯拉"自动驾驶"车祸致死案

2016 年 1 月 20 日，京港澳高速河北邯郸段发生一起追尾事故，一辆白色特斯拉轿车直接撞上一辆正在作业的道路清扫车。这起追尾事故造成该辆轿车驾驶员高某意外身亡的严重后果。事故发生之后，高速交警部门经过细致的现场勘验，认定事故的主要原因在于轿车驾驶员未能够及时采取制动和避让措施，应由其负主要责任。但是，高某的父亲对这一结果存有异议，因为受害驾驶员在追尾事故发生前便启动了特斯拉的"自动驾驶"功能，将车辆驾驶权限交由"自动驾驶"系统，而该系统未能及时、准确地识别出前方障碍车辆，导致悲剧的发生，所以，高某父亲选择起诉特斯拉在中国的销售公司。在案件的审理过程中，"自动驾驶"是否开启成为原告、被告双方争执的焦点，经过向法院申请并得到允许对事故车辆进行司法鉴定后，第三方鉴定机构以及特斯拉美国总部工程师对事故车辆所载"黑匣子"记录的驾驶状态数据进行分析，得出了追尾事故发生时车辆"自动驾驶"已激活的结论。

二　典型案例分析

首先，这起案件暴露出来的问题是人工智能侵权责任制度的缺位造成交易成本的增加。事故发生后，由于高某家人对责任认定结果有异议而选择提起诉讼，诉讼过程中原告、被告双方关于"自动驾驶"是否开启的这一问题颇具争议，在法院同意对事故车辆进行司法鉴定前，特斯拉一方反复推脱不予提供车辆驾驶数据，在法院批准司法鉴定后，仅反复敲定司法鉴定的细节就又耗费了半年时间之久。可见，在一次又一次的诉讼、协商之中，原告、被告和法院三方都付出了高昂的诉讼成本、时间成本等一系列交易成本。根据科斯定理，当交易成本大于零时，相应的责任和义务由侵权法强制规定比行为人的自我约定更具效率，由此印证了前文通过规范的理论分析所得出的有关结论。其次，在责任主体认定问题上，虽然交警部门依据现有法律规范认定事故原因在于高某在驾驶中未能遵守交通道路法律安全规定，但经过后续诉讼调查发现特斯拉"自动驾驶"功能失灵才是导致追尾事故的直接原因，驾驶员因为相信该技术而放弃其驾驶权限，此时他的身份是一名乘客而非传统意义的驾驶员，那么，认定高某为追尾事故的主要责任主体的责任划分方式在一定程度上有违法律公平。此外，该事故是由"自动驾驶"系统失灵造成的，那么是否能够认定人工智能为责任主体也同样成为值得思考的法律问题。最后，在事故的相关调查中，由于人工智能技术的自主性和复杂性以及产品责任框架下"谁主张谁举证"的举证规则，受害人一方在举证过程中遭遇巨大难题，即便记录驾驶数据信息的"黑匣子"能够被公开，当事人受限于技术水平也无法理解人工智能内部的决策逻辑，仍旧需要特斯拉一方提供技术帮助，进而造成举证困难、因果关系不明、事实认定困难等问题，使侵权责任难以被清晰界定。当前的侵权责任制度体系无法准确、合理地对上述问题做出解答，因此，构建符合发展规律的人工智能侵权责任制度具有必要性。

　　通过对这一典型案例的分析不难看出，当人工智能侵权事故发生时，依据现有的侵权责任制度无法妥善应对，在责任主体认定、责任具体划分、因果关系辨别等环节上均存在各种困难，使得交易成本剧增，不利于保障相关主体的合法权益以及实现有效救济。如果我们忽视掉这些伴随着人工智能发展出现的各种法律和社会问题，就极易造成人工智能市场发展混乱的不良局面。只有构建符合人工智能特征的、具有效率的人工智能侵权责任制度，才能够充分发挥法律制度的规制能力，既有效地保护了相关主体的合法权益，又保障了人工智能产业的稳定与健康发展。只有构建符合人工智能特征的具有效率的人工智能侵权责任制度，才能够充分发挥法律制度的规制能力，既有效保护相关主体的合法权益，又保障人工智能产业的健康发展。

第二节　人工智能侵权责任制度的构建目标

人工智能的迅猛发展态势对传统的侵权责任制度体系提出了挑战，包括责任主体认定不明、责任边界模糊、因果证明困难等，都会对人工智能技术的发展和应用产生负外部性。为了避免"科林格里奇困境"① 的出现，在人工智能发展的起步阶段，就应对其可能出现的法律风险做前瞻性思考，否则人工智能技术前沿性和法律滞后性之间的矛盾，既会削弱法律制度的引导和激励效果，又会制约人工智能的发展速度。由于人工智能的发展是瞬息万变的，需要通过抽象性的法律制度来对人工智能产业发展形成有效的约束和引导，也就是明确人工智能侵权责任制度的法律目标，并围绕其目标开展后续的法律活动。

一　以安全作为人工智能侵权责任制度的根本性目标

人工智能技术的诞生，打破了产业空间和资源的局限，大幅提

---

① 由英国学者科林格里奇提出，具体指一项技术的不良后果不能够在其发展前期被预测，此时虽能控制它却不知如何控制；随着技术发展成熟，其成为整个经济和社会结构的一部分时，虽知如何控制却难以对其进行控制，技术将陷入失控的困境。

升了资源配置效率。但是，若想真正实现人工智能技术的广泛应用，其安全性尤为重要。无论是已经出现的自动驾驶汽车、人工智能辅助医疗、服务机器人还是在其他未来可能出现的应用领域中，在人工智能与人类的互动过程中，保障"安全"将始终被认定为人工智能发展的核心要素。不过，这里的"安全"与生活中人们经常谈论的安全有所不同，它所要求的并非仅以生命健康权为保护目标的相对片面的安全概念，而是一种较为全面的、多层次的安全保护，这也是构建人工智能侵权责任制度所追求的根本性目标。具体来看，首先，从个体角度而言，其所希望的安全是对包括自身生命健康权、隐私权、财产权等在内的一系列个人合法权益的有力保护。注重保护个人权利正是现代社会区别于传统社会的标志，当人工智能侵权事故发生后，往往会对受害人的财产、健康等方面造成严重损害的后果，而一旦受害人的合法权益不能依靠法律制度实现有效保障和补偿，就代表着现代社会赖以生存的个体基础也将遭遇严重侵害（周佑勇等，2020）。其次，从人工智能产业角度而言，不能保证安全性的技术可能会因为消费者对其信任的丧失而被市场抛弃，是无意义的技术创新。最后，从社会角度而言，人工智能技术正逐步与社会经济生活的各方面相融合，整个社会被盖在人工智能网下，无数个体通过这张人工智能网联系在一起，致使某些人工智能侵权行为会造成广泛的群体性损害后果，若不对其加以规制，极易造成社会混乱。

由此可见，保证安全的价值导向，将对维护个体、人工智能产业甚至社会整体的自由、秩序和发展具有重要意义，必须把"安全"作为人工智能侵权责任制度的根本性目标，人工智能技术发展的基本逻辑也应以保护安全为主线。一方面，通过责任规制激励人工智能产业安全创新，从源头减少侵权事故的发生；另一方面，一旦侵权事故发生，受害人可以借助人工智能侵权责任制度获得有效补偿，实现自身权益的保护，且不会对人工智能技术产生过多的抵触情绪，阻碍人工智能产业发展。所以，以安全为根本目标的人工智能侵权责任制度，不仅能够为人工智能的长远发展奠定坚实的基础，还能更好地实现法律对人工智能伦理安全风险的防范。

二　以伦理道德作为人工智能软性规制的基础性目标

人工智能高速发展对传统社会秩序所产生的强烈冲击正在逐步显现，给社会公平、隐私安全、法律责任界定等方面带来新问题。对于人工智能发展的规范和约束，不能仅仅依靠以法律制度为主的硬性规制，因为构建人工智能侵权责任制度等法律约束手段具有自身局限性，如立法程序严格、执法成本高昂、法律保护滞后等，而灵活多样的软性规制恰好能够对此形成补充，组成软硬兼施的规制体系。所以，为更好地减小技术进步对社会稳定的冲击，合理引入人工智能软性规制，以伦理道德为目标建立人工智能技术发展的软性规制体系是十分必要的。伦理道德与法律制度不同，能够通过合理预期灵活调整以应对发展问题，这也是当下人工智能技术前沿国家纷纷发布人工智能伦理规范的原因所在。同时，将伦理道德作为人工智能软性规制的基础性目标，也可以使规范的伦理标准与硬性规制之间相互转化，便于形成符合伦理安全要求的硬性法律规范。

罗豪才、毕洪海（2006）认为，软性规制是由特定共同体协商、制定，并对整个共同体加以约束的行为规则。建立人工智能技术发展的软性规制体系包括以下几个方面：第一，建立人工智能行业自律规范标准，明确人工智能各类活动的边界以及弥补监管部门硬性规制的不足；第二，建立人工智能技术安全标准规则，通过安全标准的制定引导企业采取预防措施，并为相关责任认定提供技术性参考；第三，建立社会联动机制，由于人工智能带来的发展红利为全社会所共享，则相应的风险也应由全社会来分担，而社会联动机制能够使多方参与进来，减少交易成本。如此一来，人工智能软性规制体系的实施，化被动为主动，将滞后监管转化为动态把控，既保护了人工智能技术发展的相对独立性，又能够在一定程度上防范人工智能技术风险。

第三节　人工智能侵权责任制度的具体构建

在一些人的观念中将自由与法律之间的关系仅看作简单的线性关系，认为法律越多的情况下，自由的空间越少，没有法律就成为一种理想的自由状态，殊不知如果没有法律的制约，自由将化为泡影（弗里德曼，2005）。同样地，人工智能技术的发展也需要法律的约束和引导，以实现真正的自由。在明确法律构建目标的前提下，构建具体的人工智能侵权责任制度框架，明确界定侵权事故各方主体的初始权利，既有利于发挥具体性法律制度对主体行为的激励效用，引导行为人事前投入适当的预防措施，减少侵权事故风险，又有利于受害人事后获得充分救济，兼顾公平与效率。因此，基于前文关于人工智能侵权责任制度的研究结论，本节尝试为中国人工智能侵权责任制度框架的具体构建提出以下几点建议，主要包括追责主体、归责原则以及损害赔偿三个方面。

一　根据事故原因判断追责主体

人工智能的自主性特征引发了学界对其法律地位的讨论，世界范围内也出现了一些认定人工智能法律主体地位的大胆尝试。不过，一方面，人工智能技术本质上仍是一种推动社会生产力发展的手段，其基本技术逻辑仍旧是以工具主义作为其定位，而且人工智能无法真正参与到具有人的主观意识的社会文化和感知领域的活动中去，因而必须以工具主义视角确立人工智能的法律地位，与人工智能活动相关的权利和义务也势必由与人工智能活动相关联的人来承担；另一方面，法律制度无法对人工智能技术本身进行调整或约束，只能通过影响人的行为选择从而引导技术发展方向。由此可见，赋予人工智能法律主体资格并不是实现目标的最佳路径，而人工智能侵权责任的责任主体范围仍是现有的民事法律主体，包括自然人和法人。

那么，在明确了人工智能侵权责任的责任主体范围以后，就可以根据实际事故原因向不同主体追责。本书第三章讨论了人工智能侵权事故的四种可能情形。其中：当事故由行为人过错所致或侵权事故原因清晰时，可以按一般过错责任或产品责任向相关责任主体进行追责；当事故由人工智能自主性或其他不可解释的原因所致时，可以按照相应的责任归责原则向研究开发者、设计制造者、部署应用者所共同构成的"创新生产者"进行追责，以上责任主体承担连带责任。同时，在因果关系的证明责任承担方式上，先由受害人一方承担初步证明责任，在受害人完成举证后，再由侵害人一方承担证明不存在因果关系的举证责任。

二 以严格责任为归责原则并且有条件地适用过错抗辩

在第四章关于人工智能侵权责任归责原则的模型分析中，首先区分了受害人类型，即有人工智能使用者和第三人两种，并在此基础上根据损害事故发生概率是由一方还是双方决定，进一步区分侵权事故类型，即有单方性事故和双方性事故两种，并依次讨论和比较四种情形下不同归责原则的激励效率。根据模型结果可知，在单方性事故中，无论受害人是使用者还是第三人，无论信息是否完全，严格责任原则总是能够激励行为人选择社会最优注意水平、使用水平和创新水平，实现侵权社会总成本最小化的目标；而在双方性事故中，虽然简单的严格责任无法实现单方性事故下的效率目标，但基于严格责任原则有条件地适用过错抗辩同样能够实现激励效率。特别地，在受害人为人工智能使用者的双方性事故中，信息完全与否会影响行为人的选择，若使用者的信息不完全，即使生产者选择合理注意水平，使用者也无法做出有效率的决策行为，因而需要过错抗辩原则对此进行进一步约束。

在实际生活中，可能受对人工智能技术水平认知有限等因素的影响，人工智能侵权损害类型并不总是单一的单方性事故或双方性事故。以产品责任为例，传统的观点认为生产者在产品质量等信息方面具有绝对的优势，可以在设计生产环节采取预防措施避免损害发生，这种人工智能侵权事故就属于生产者单方性预防的类型。但是，一些强人工智能产品并不总是能够满足以上条件，即便在人工智能技术研发、生产等环节中生产者一方采取了足够的注意，也无法确保不会因其自主性造成事故损害，因此同样需要使用者投入一定注意来降低事故发生概率，比如令人工智能的工作全程处于自己监督之下，这样的人工智能侵权事故就属于双方性预防的类型。

由此，面对人工智能侵权责任的归责原则的实际选择问题给出下述建议。考虑人工智能侵权事故，首先从事故的性质出发，通过判断事故类型是单方性事故还是双方性事故，来合理选择具有激励效率的归责原则：具有明显单方性预防特征的侵权事故可适用简单的严格责任原则；具有明显双方性预防特征的侵权事故可在严格责任原则下有条件地适用过错抗辩，即有过失抗辩的严格责任或相对过失抗辩的严格责任形式，但假如双方性事故受害人为使用者且具有完全信息，则适用简单的严格责任归责原则即可。

三　完善侵权损害赔偿机制

使受害人获得完全性赔偿是人工智能侵权损害赔偿机制的基本原则，目的是使受害人效用水平恢复到损害发生前的状态。只有保证潜在受害人的充分救济，才能够使人们对具有未知风险的人工智能技术抱有信心，进而激励人们更多地使用人工智能，人工智能发展才拥有坚实的基础。

　　当人工智能侵权事故发生时，如果人工智能侵权事故原因清晰，则受害人可直接对侵权人提起诉讼，要求该行为人承担损害赔偿责任；如果是由人工智能自主性造成事故或事故原因不可解释的情况，将由创新生产者承担连带责任。连带责任是共同且分别的责任，英美法系中关于现代连带责任原则有两项基础：当几个侵权人的行为共同导致损害的发生，或者无法确定哪一个侵权人的行为具体引起损害发生时，为实现对受害人的救济而选择连带责任（张铁薇，2013）。此时具体的追责机制是，受害人可以要求人工智能创新生产者中的一名或数名行为人承担全部或部分的赔偿责任，这一名或数名行为人在承担全部赔偿责任后将免除其他行为人的赔偿责任，而承担了全部赔偿责任的行为人有权向创新生产者中其他未承担责任的行为人进行追偿，请求偿付其所应当承担的赔偿比例，赔偿比例的确定可以根据事先约定或者事后内部调查的方式。以连带责任的方式追责，能够弥补一定的制度空隙，比如更加妥善地应对受害人因无法准确找到实际侵权人或因侵权人不具备完全赔偿能力而妨碍自身权利实现的情况，通过追究创新生产者的连带责任可增加责任财产的数额，并且能够将风险由受害人一方向创新生产者多方转移，实现了风险的转移和分散。

　　另外，根据前文的分析结果可知，在补偿性损害赔偿机制之外，惩罚性损害赔偿的合理运用对解决一些特殊类型的人工智能侵权案件更具效率，比如人工智能大规模侵犯用户个人信息及隐私。不过，对于惩罚性损害赔偿具体数额的确定，还需要法官针对不同案件的不同情况进行充分考虑后决定，以此发挥惩罚性损害赔偿的威慑效率和激励效率。

第四节　中国人工智能侵权责任配套制度的完善

　　人工智能侵权责任制度是将侵权行为外部成本内部化的政策工

具之一，能够激励当事人在有效水平上为安全投资，减少事故发生概率。但是，侵权责任制度在具体的适用过程中可能会因利益冲突剧烈、交易成本高昂等问题，阻碍人工智能技术的发展与应用。为更好地应对这些问题，不能仅仅依靠人工智能侵权责任制度的建立，相关配套制度的完善也至关重要，不同制度相辅相成，共同引导人工智能产业积极有序发展，保障受害人的合法权益。

一　创新人工智能监管制度

由于人工智能技术的复杂性和应用的广泛性，任何填补空白的法律法规都要有基本的谦抑态度，保持足够的弹性空间，使快速演进和创新的人工智能产业保持新的可能性。基于这一观点，尊重和强化行业自治监管可能成为一条有效的应对路径。具体地，设立专门的人工智能监管机构"人工智能监督管理委员会"，履行包括拟定人工智能行业方针政策规划、制定人工智能监管规章、统一管理人工智能活动等在内的职能，既能够实现人工智能行业的自律监管，又能够配合司法部门对人工智能侵权事故进行调查等。考虑到人工智能种类繁多，比如人工智能自动驾驶、人工智能医疗、陪伴机器人等，因而无法将所有人工智能准确地划为一类进行监管，统一监管也需要同时掌握多领域技术知识的管理人员，该要求在实践中难以实现，所以，可以在人工智能监督管理委员会内部设置多个部门分工协作、精准管理，比如自动驾驶部门、智能医疗部门、智能金融部门等，细分职能可以在一定程度上降低监管难度、提高监管效率。

在明确了人工智能主要监管部门的基础上，借鉴其他国家和地区的实践经验，可以选择性建立人工智能注册监管制度和监管沙盒制度。一方面，人工智能注册监管制度的建立，既能够科学规范地引导人工智能研发、生产和应用的创新方向，又能够实现对人工智能研发生产全部过程的监督，有助于应对侵权事故发生后的追责问题，便于寻找责任主体。而且，将人工智能进行统一注册登记后，还可以按照风险等级的不同施加不同的规制强度，分别制定不同的准入标准，进而化解不同类型的人工智能风险。另一方面，现被广泛应用于金融科技领域的监管沙盒制度，是在可自由改变的测试环境中展开面向创新产品或服务的真实或虚拟测试，能够有效帮助减少创新产品的监管不确定性风险，提升产品的效率和竞争力（胡滨、杨楷，2017）。与金融科技类似的是，人工智能的应用同样具有高风险性，造成消费者或使用者合法权益的损失，故将监管沙盒制度引入人工智能技术领域是对监管理念的有益借鉴。在监管沙盒内部，人工智能的风险是相对可控的，监管部门在安全的条件下能够通过有限的授权为人工智能企业提供更多的创新机会，人工智能产品或服务在经过测试过程中的审核、监督、评估后满足消费者保护要求后正式进入市场，此时的技术创新是风险可控的创新，达到安全与创新的平衡。

二 拓宽人工智能司法范围

由于人工智能风险的不确定性会放大法律的缺陷，在侵权事故发生时可能造成矛盾的激化，有效发挥司法能动性是解决人工智能侵权纠纷的有效途径。实现司法能动性的关键在于对司法解释的灵活运用、兼具技术性和专业性的人工智能法律人才以及多元化的人工智能解纷机制三个方面。

首先，虽然社会已经认识到对人工智能进行立法规制的必要性，但立法工作的完成是需要一定时间的，当下法律的滞后性使一些已经出现的人工智能侵权问题无法得到妥善解决，那么针对这种相关法律尚未出台而人工智能领域又争议不断的情况，可以通过司法解释的方式暂时将已有制度灵活运用于人工智能复杂案件的判定中，这一举措不仅能够在一定程度上缓解事故双方矛盾、补充法律空白，还能够为人工智能的立法积累经验、争取时间。

其次，人工智能侵权具有不同于传统侵权的技术性特征，这要求负责处理人工智能侵权案件的司法人员具备一定的人工智能技术知识储备，所以，需要加强司法机关对司法裁判人员人工智能专业化培训及选任制度建设，为人工智能风险应对提供足够的专业性人才储备。充足的掌握人工智能技术的法律精英人才不但有利于高效解决人工智能侵权案件，更能够打破人工智能与法律的壁垒，推动人工智能在司法领域的应用。

最后，当受害人的合法权益遭遇来自人工智能的损害时，应当同一般侵权类似，允许当事人选择协商和解、调解、仲裁、行政调解、行政诉讼、司法诉讼等多种解纷手段来实现权利救济。不过，不同的手段有不同的功能、目标以及对法律资源的消耗程度也不同，若从资源配置效率角度考虑，鼓励受害人以调解或仲裁的方式维护自身权益，能够明显减少诉讼成本。具体地，负责调解或仲裁的相关司法主体可以先由事故相关部门担任，比如自动驾驶汽车事故的调解工作由交警部门承担或人工智能产品质量纠纷的调解工作由市场监督部门承担，等到"人工智能监督管理委员会"建立之后再由监管部门另行安排，逐步形成人工智能侵权救济体系。

三　推行人工智能损害分散机制

人工智能发展在为全社会创造巨大效益的同时，也带来了高风险，侵权责任制度的构建能够在一定程度上通过预防激励手段降低人工智能风险，但侵权责任制度本身也存在不足之处。第一，通过人工智能侵权责任制度对事故受害人进行救济需要耗费较高的交易成本，包括举证成本、司法成本、时间成本等；第二，侵权损害赔偿责任的承担可能会对人工智能企业造成沉重负担，特别是一些规模较小的创新型企业，进而抑制人工智能技术创新；第三，由于人工智能发展成果由全社会共享，那么伴随收益的风险也应当由全社会共担，仅由一方行为人承担全部风险是不道德的（Hevelke and

Nida-Rümelin，2015）。基于以上考虑，推行包含人工智能责任强制保险制度和人工智能储备基金制度在内的人工智能损害分散机制能够弥补侵权责任制度的不足，既能实现对受害人的充分救济，保持社会对人工智能的接纳程度，又能减轻人工智能企业的责任负担，使其专注于人工智能的安全创新。

其一，随着人工智能自主程度的提高，具体的侵权责任认定过程也会越来越复杂，由此增加的人工智能风险为人工智能侵权责任制度的建立部分地向责任保险制度设计进行转移提供了现实基础。由于人工智能技术的特殊性，某些人工智能侵权事故中创新生产者并不具备道德上的可责难性，因而侵权责任制度对相关主体技术安全研发行为的威慑和激励效用有限，那么，为更好地平衡风险与创新，可以选择建立人工智能责任强制保险，以此强化人工智能侵权责任制度对人工智能风险分散的功能，并把救济作为法律责任的关键。具体来讲，首先，要明确人工智能责任强制保险的标的是由人工智能侵权造成损害所产生的、需要相应行为人承担的民事法律责任，可以根据人工智能技术水平发展的实际需要考虑将其划分为以人工智能保有人责任和使用人责任为主要标的的责任保险以及能够覆盖创新生产者责任的人工智能产品责任保险两大类。其次，人工智能责任强制保险制度作为一种为直接责任主体分散风险的制度，除人工智能创新生产者外，所有者和使用者等主体也可以作为投保的主体，负有缴纳责任保险费用的义务。同时，相关主体通过事先缴付的形式创建潜在的保险资金池，那么，当人工智能造成他人损害并需要相关主体承担赔偿责任时，如果该情况属于保险赔偿范围内，则该主体无须额外承担侵权赔偿，受害人也可以直接向保险公司进行索赔。如此一来，侵权责任主体会在事前合理预期人工智能潜在风险水平，经过成本收益分析后选择是否以缴纳强制保险的方式减少自身的赔偿责任。最后，虽然人工智能责任强制保险制度能够有效保障人工智能侵权事故中受害人的有效救济，但也应注意不应将这种救济变为阻碍人工智能创新和发展的"绊脚石"，因而，在经过大量的数据统计和分析后确定适当的赔偿限额对于平衡权利救济和产业发展十分必要。

人工智能责任强制保险制度中对责任的具体认定是需要以人工智能侵权责任制度为依据进行划分的，因而其并不会弱化人工智能侵权责任制度，而是为侵权责任的具体分配和承担提供新的解决方法，以实现在人工智能侵权责任制度之外将损害成本社会化，并将人工智能侵权损害风险分散到整个人工智能行业乃至整个社会。因此，人工智能侵权责任制度是建立人工智能责任强制保险制度的前提，人工智能责任强制保险制度则是对人工智能侵权责任制度具体实施的有力补充，侧重于事故损害救济和责任转移，二者均以实现权利救济为目的，相辅相成，并非相互替代的关系。

其二，当人工智能侵权事故超出保险赔偿范围或赔偿金额不足以覆盖全部赔偿责任，又或是企业未按要求对人工智能进行投保时，需要人工智能储备基金制度对强制保险进行补充。人工智能储备基金可以由政府监管部门主导或是由人工智能行业主导，其资金的来源可以是人工智能自身创造的经济收益、人工智能企业的资金投入和政府的财政补贴等，而资金的使用途径就是用于解决与人工智能侵权责任相关的偿付问题，也就是说，人工智能侵权受害人的实际赔偿责任将由基金履行和支付，而不再需要由人工智能的设计者、生产者负担。不仅如此，人工智能储备基金的建立除了有利于受害人充分救济的实现以外，还利于创新生产者内部责任的划分，各方按照事先约定的比例或均分的方式增加储备基金数额，有效规避了内部追责过程中出现某一方拒不承担责任的情况。

人工智能侵权责任制度下权利救济的有效性和完全性需要与相应的配套制度如人工智能责任强制保险制度、人工智能储备基金制度相互协作，才能充分保障人工智能行业健康发展和社会秩序稳定。

人工智能责任强制保险制度和人工智能储备基金制度的建立能够提高人工智能创新生产者的赔偿支付能力，有利于其通过价格机制将成本分摊，既能扩大损失赔偿的覆盖范围，又能避免侵权责任制度对人工智能创新的抑制效应。

结　论

如今，人工智能在推动社会生产力发展的同时，也给社会带来人工智能侵权性风险和责任性风险，强烈地冲击着现有的法律制度，保护潜在受害人的合法权益迫在眉睫。由于人工智能侵权具有自主性、人机交互性和广泛性的特征，现有侵权责任制度无法完美地将人工智能侵权问题纳入责任框架之下，出现了人工智能侵权责任制度供给不足、责任主体混乱、因果关系难以建立、责任界定不清等问题，不但令受害人无法获得有效救济，而且人工智能也不受约束地肆意发展，长此以往将激化事故双方矛盾，阻碍人工智能健康发展，影响整体经济运行。因此，需要构建符合人工智能侵权特征的人工智能侵权责任制度，将人工智能侵权外部成本内部化，激励侵权事故当事人采取有效注意水平，降低人工智能侵权风险，实现制度的效率均衡。规则与事实之间存在着永恒的间隙，而科学理论是弥补这种间隙的重要工具，因此，本书运用科学的马克思主义理论方法指导人工智能立法实践，并借鉴法经济学中的相关理论，在准确理解理论逻辑的基础上，构建了法经济学的理论分析框架，并在此框架下将理论"翻译"成法律实践，使理论和实践、规则和事实之间能够更加紧密的衔接。

本书从界定人工智能侵权的相关概念开始，明晰的人工智能侵权概念是人工智能侵权责任制度研究的基础。基于表达的简洁性与用法习惯的延续性，现有的研究中多将"人类使用人工智能技术工具实施的侵权行为"和"人工智能实体自主决定实施的侵权行为"

统称为人工智能侵权，这是广义上的概念；而从狭义的角度来讲，人工智能侵权指的是"人工智能实体自主决定实施的侵权行为"，也是本书所关注的。对人工智能侵权这一概念进行广义和狭义的区分，既可以界定本书的研究范围，又可以明确侵权制度的规制对象。在提出概念的基础上总结出人工智能侵权的三个主要特征——自主性、人机交互性和广泛性。正是人工智能侵权表现出区别于传统侵权的特征，导致在相关侵权责任认定过程中出现责任主体认定复杂、主观过错难以辨别、因果关系认定困难等问题，使得现行责任制度难以适用，进一步凸显了构建人工智能侵权责任制度的重要意义。

在传统侵权责任的三个构成要件的基础上，结合人工智能侵权的特点，以法经济学为研究视角，围绕效率这一核心目标，分别对人工智能侵权责任构成要件展开分析，寻找责任主体、损害、因果关系和过错构成要件的具体实现路径。首先，运用马克思主义经济学、法学和法经济学解释了不应赋予人工智能法律主体资格的原因，并指出在四种不同侵权事故情形下的追责主体问题，在人工智能侵权责任主体认定上做出一定的创新尝试。其次，借助经济学上无差异曲线的概念解释损害的含义以及损害的补偿途径，说明侵权制度将社会成本内在化的基本逻辑。再次，在对人工智能侵权因果关系认定一般标准展开分析的基础上，进一步提出了"将人工智能侵权因果关系证明责任中的初步证明责任界定给受害人，在受害人完成举证后由侵害人承担证明不存在因果关系的举证责任"的证明责任分配方式，以有效解决人工智能因果关系认定困难的问题。最后，根据汉德公式提出符合人工智能侵权的过错认定标准，即根据行为人注意水平与合理注意水平之间的比较来判定是否具有过错。

侵权责任制度虽然是一种事后补救和制约的手段，但通过归责原则对责任的界定能够在事前为行为人提供预期，进而影响行为人的策略选择，由此构建一个事故风险由行为人注意水平和行为水平共同决定的人工智能侵权责任模型，将人工智能侵权成本在事前纳入行为人的决策函数，并开展不同归责原则下所实现均衡的效率比较分析，进而得出符合卡尔多—希克斯效率标准的最优归责原则，为构建人工智能侵权制度提供理论依据。根据模型分析结果可以得出，同时满足以下条件的归责原则能够引导行为主体实现效率均衡：①只要受害人的注意水平达到法定注意水平，其行为就是无过错的，则无须考虑侵害人注意水平，由其承担全部人工智能侵权损害；②若受害人的注意水平未达到法定注意水平，并且此时侵害人履行了注意义务并施加法定注意水平的话，由受害人承担全部人工智能侵权损害。

　　侵权责任制度对责任的划分要通过强制侵害人向受害人支付赔偿金的方式来具体实现，才能发挥侵权制度的补偿、救济、威慑和预防等功能，也就是说，赔偿金的确定深刻影响着制度效率。在关于赔偿金的确定过程中，以受害人损害为衡量基础计算赔偿金数额比以侵害人收益为基础更具效率，但能否实现完全损害赔偿、充分发挥侵权责任制度的激励效应，还受到受害人诉讼成本、侵害人有限责任、法院的不确定性等因素的影响。除此以外，在一些特殊的人工智能侵权案件中，惩罚性损害赔偿能够对补偿性损害赔偿形成补充，根据博弈模型分析结果可知，法官针对个案确定惩罚性损害赔偿数额能够保证侵权行为外部成本内部化的实现，以更高的威慑水平约束侵害人行为，并鼓励受害人积极诉讼维权。

　　此外，影响人工智能发展的不仅有市场因素，政府因素也同样重要。当下，世界各国已经清楚地认识到构建与时俱进的人工智能侵权责任制度已经成为一个国家在人工智能时代增强国家竞争力的必要条件，因此，以欧盟、美国、英国为代表的国家和地区已经迅速反应并展开对人工智能进行规制的创新性尝试。其中，欧盟主张以立法方式化解人工智能侵权风险，比如建立人工智能侵权责任制度，并以法律的强制约束力引导人工智能发展；美国和英国在人工智能立法方面则相对保守，目前只是在一些人工智能应用的特定领域使用规制手段，希望能够更多地从人工智能技术创新源头入手解决人工智能侵权问题。梳理和归纳不同国家和地区对人工智能侵权风险规制的经验，既能准确把握国际趋势，避免形成"技术孤岛"局面，又能对中国的人工智能侵权规制形成借鉴。

在厘清理论逻辑的基础上，通过典型案例分析验证理论分析中构建人工智能侵权责任制度的必要性，并借鉴国际范围内关于人工智能侵权风险规制的立法尝试，提出符合中国国情的人工智能侵权责任制度建构思路：明确以安全作为人工智能侵权责任制度的根本性目标，辅以伦理道德作为软性规制的基础性目标，在此前提下展开人工智能侵权责任制度的建构，包括责任主体、归责原则、损害赔偿机制等方面的规定。另外，单一的人工智能侵权责任制度无法对人工智能发展形成有效规制，完善相关配套制度也十分必要，比如创新人工智能监管制度、拓宽人工智能司法范围以及推行人工智能损害分散机制。由强化顶层设计、制定法律规范、健全配套制度三个层面共同组成的人工智能法律规制体系，能够在保护受害人权益的同时，引导人工智能产业健康、有序发展。

人工智能时代下的法律和技术之间的对话才刚刚拉开序幕，随着人工智能技术研究的不断深入，更加需要持续推进人工智能风险规制的相关理论、制度与实践的创新，为实现人工智能时代的"良法善治"夯实基础。

参考文献

中文文献

［1］〔以色列〕艾雅尔·扎米尔、〔以色列〕巴拉克·梅迪纳，2015，《法律、经济学与伦理》，徐大丰译，复旦大学出版社。

［2］毕泗锋，2008，《经济效率理论研究述评》，《经济评论》第6期。

［3］曹建峰，2017，《10大建议！看欧盟如何预测AI立法新趋势》，《机器人产业》第2期。

［4］曹建峰，2018，《解读英国议会人工智能报告十大热点》，《机器人产业》第3期。

［5］陈本寒、周平，2002，《动物法律地位之探讨——兼析我国民事立法对动物的应有定位》，《中国法学》第6期。

［6］陈屹立、张帆，2009，《惩罚性赔偿的法经济学分析》，《经济体制改革》第2期。

［7］陈永伟，2018，《人工智能与经济学：近期文献的一个综述》，《东北财经大学学报》第3期。

［8］陈自富，2016，《强人工智能和超级智能：技术合理性及其批判》，《科学与管理》第5期。

［9］储槐植、汪永乐，2001，《刑法因果关系研究》，《中国法学》第2期。

［10］崔拴林，2008，《动物法律地位刍议——私法视野下的分析》，

《河北法学》第 3 期。

[11] 崔拴林，2009，《论私法主体资格的分化与扩张》，法律出版社。

[12] 〔美〕道格拉斯·C. 诺思，2014，《制度、制度变迁与经济绩效》，杭行译，格致出版社、上海三联书店、上海人民出版社。

[13] 〔美〕道格拉斯·G. 拜尔、〔美〕罗伯特·H. 格特纳、〔美〕兰德尔·C. 皮克，1999，《法律的博弈分析》，严旭阳译，法律出版社。

[14] 邓雯宇，2018，《自动驾驶汽车的侵权责任研究》，《法制与社会》第 25 期。

[15] 丁社教，2007，《法治博弈分析导论》，西北工业大学出版社。

[16] 丁以升，2004，《侵权行为法的经济学分析》，《法律科学》（西北政法学院学报）第 1 期。

[17] 董彪，2020，《人工智能时代责任保险制度探讨》，《广西政法管理干部学院学报》第 6 期。

[18] 杜严勇，2015，《论机器人权利》，《哲学动态》第 8 期。

[19] 房绍坤、林广会，2018，《人工智能民事主体适格性之辨思》，《苏州大学学报》（哲学社会科学版）第 5 期。

[20] 费安玲等，2018，《民法总论》（第二版），高等教育出版社。

[21] 〔德〕冯·巴尔，2001，《欧洲比较侵权行为法》（下册），张新宝、焦美华译，法律出版社。

[22] 冯春燕、郭娅妮、侯静文，2019，《强人工智能产品责任探析》，《法制博览》第 6 期。

[23] 冯洁，2019，《人工智能体法律主体地位的法理反思》，《东方法学》第 4 期。

[24] 冯洁语，2018，《人工智能技术与责任法的变迁——以自动驾驶技术为考察》，《比较法研究》第 2 期。

[25] 冯珏，2008，《汉德公式的解读与反思》，《中外法学》第 4 期。

［26］冯玉军编，2018，《新编法经济学：原理·图解·案例》，法律出版社。

［27］冯玉军，2009，《法经济学范式》，清华大学出版社。

［28］冯玉军主编，2013，《法经济学》，中国人民大学出版社。

［29］冯子轩编，2020，《人工智能与法律》，法律出版社。

［30］〔美〕弗里德曼，2005，《选择的共和国：法律、权威与文化》，高鸿钧等译，清华大学出版社。

［31］付其运，2021，《人工智能非主体性前提下侵权责任承担机制研究》，《法学杂志》第 4 期。

［32］〔美〕盖多·卡拉布雷西，2008，《事故的成本——法律与经济的分析》，毕竞悦、陈敏、宋小维译，北京大学出版社。

［33］高奇琦、张鹏，2018，《论人工智能对未来法律的多方位挑战》，《华中科技大学学报》（社会科学版）第 1 期。

［34］高亦烜，2016，《因果关系与过错之转化问题研究——一种经济分析角度的考察》，《太原理工大学学报》（社会科学版）第 4 期。

［35］高永周，2016，《回到科斯：法律经济学理论探源》，法律出版社。

［36］戈峻、刘维，2018，《创新与规制的边界：科技创新的政策法律调控之道》，法律出版社。

［37］〔美〕圭多·卡拉布雷西，2019，《法和经济学的未来》，郑戈译，中国政法大学出版社。

［38］郭剑平，2020，《制度变迁史视域下人工智能法律主体地位的法理诠释》，《北方法学》第 6 期。

［39］郭少飞，2018，《"电子人"法律主体论》，《东方法学》第 3 期。

［40］〔英〕H. L. A. 哈特、〔英〕托尼·奥诺尔，2005，《法律中的因果关系》（第二版），张绍谦、孙战国译，中国政法大学出版社。

［41］ 韩蕊、赵志伟，2019，《马克思异化理论的历史生成及当代价值》，人民出版社。

［42］ 韩旭至，2019，《自动驾驶事故的侵权责任构造——兼论自动驾驶的三层保险结构》，《上海大学学报》（社会科学版）第2期。

［43］ 何炼红、王志雄，2020，《人工智能医疗影像诊断侵权损害赔偿法律问题》，《政治与法律》第3期。

［44］ 胡滨、杨楷，2017，《监管沙盒的应用与启示》，《中国金融》第2期。

［45］ 胡元聪，2020，《我国人工智能产品责任之发展风险抗辩制度构建研究》，《湖湘论坛》第1期。

［46］ 黄莹、宫辰，2019，《人工智能产品致人损害侵权责任问题研究》，《南京理工大学学报》（社会科学版）第5期。

［47］ 集智俱乐部编著，2015，《科学的极致——漫谈人工智能》，人民邮电出版社。

［48］ 景荻，2019，《自动驾驶汽车侵权责任研究》，西南政法大学博士论文。

［49］ 〔德〕卡尔·拉伦茨，2013，《德国民法通论》（上册），王晓晔等译，法律出版社。

［50］ 〔德〕康德，2012，《单纯理性限度内的宗教》，李秋零译，商务印书馆。

［51］ 〔美〕肯尼斯·S.亚伯拉罕、〔美〕阿尔伯特·C.泰特选编，2006，《侵权法重述——纲要》，许传玺等译，法律出版社。

［52］ 〔美〕拉里·唐斯，2014，《颠覆定律：指数级增长时代的新规则》，刘睿译，浙江人民出版社。

［53］ 李昊，2019，《损害概念的变迁及类型建构——以民法典侵权责任编的编纂为视角》，《法学》第2期。

［54］ 李浩，2003，《民事证明责任研究》，法律出版社。

［55］李婧，2009，《侵权法的经济学分析》，吉林大学博士学位论文。

［56］李珂、叶梅竹编著，2013，《法经济学基础理论研究》，中国政法大学出版社。

［57］李丽辉主编，2015，《法律维度下的科技》，中国政法大学出版社。

［58］李润生，2020，《论医疗人工智能的法律规制——从近期方案到远期设想》，《行政法学研究》第 4 期。

［59］李晟，2018，《略论人工智能语境下的法律转型》，《法学评论》第 1 期。

［60］〔美〕理查德·A. 波斯纳，1997，《法律的经济分析》（上下），蒋兆康译，中国大百科全书出版社。

［61］梁鹏，2018，《人工智能产品侵权的责任承担》，《中国青年社会科学》第 4 期。

［62］梁志文，2017，《论人工智能创造物的法律保护》，《法律科学》（西北政法大学学报）第 5 期。

［63］刘洪华，2019，《人工智能法律主体资格的否定及其法律规制构想》，《北方法学》第 4 期。

［64］刘佳，2019，《论人工智能致人损害的侵权责任问题》，《法制与社会》第 36 期。

［65］刘巧兴，2013，《汉德公式在侵权过失责任认定中的应用》，《河北法学》第 10 期。

［66］刘荣军，1996，《惩罚性损害赔偿与消费者保护》，《现代法学》第 5 期。

［67］刘宪权，2019，《人工智能时代的刑事责任演变：昨天、今天、明天》，《法学》第 1 期。

［68］刘小璇、张虎，2018，《论人工智能的侵权责任》，《南京社会科学》第 9 期。

［69］ 刘晓宇，2019，《人工智能视阈下自动驾驶汽车事故责任法律问题研究》，《黑龙江省政法管理干部学院学报》第 2 期。

［70］ 刘云，2021，《论人工智能的法律人格制度需求与多层应对》，《东方法学》第 1 期。

［71］ 刘志强、方琨，2018，《论人工智能行为法律因果关系认定》，《学术界》第 12 期。

［72］ 吕世伦、叶传星，2018，《马克思恩格斯法律思想研究》，中国人民大学出版社。

［73］ 吕文晶、陈劲、刘进，2018，《第四次工业革命与人工智能创新》，《高等工程教育研究》第 3 期。

［74］〔美〕罗伯特·考特、〔美〕托马斯·尤伦，2012，《法和经济学》（第六版），史晋川等译，格致出版社。

［75］ 罗豪才、毕洪海，2006，《通过软法的治理》，《法学家》第 1 期。

［76］〔美〕罗纳德·H.科斯，2014，《企业、市场与法律》，盛洪、陈郁译校，格致出版社、上海三联书店、上海人民出版社。

［77］ 马长山，2018，《人工智能的社会风险及其法律规制》，《法律科学》（西北政法大学学报）第 6 期。

［78］ 马克思、恩格斯，2009，《马克思恩格斯文集》（第 2 卷），人民出版社。

［79］《马克思恩格斯全集》第 4 卷，人民出版社，1958，第 87 页。

［80］《马克思恩格斯选集》第 3 卷，人民出版社，2012，第 419 页。

［81］ 马克思，2018，《1844 年经济学哲学手稿》，人民出版社。

［82］ 马平，1989，《〈资本论〉辩证法》，求实出版社。

［83］ 孟义平，2010，《三元函数极值的一个充分条件》，《江苏科技大学学报》（自然科学版）第 5 期。

［84］ 莫宏伟，2018，《强人工智能与弱人工智能的伦理问题思考》，《科学与社会》第 1 期。

[85] 慕晓琛，2019，《人工智能生成物著作权归属之域外法研究——以英国、美国、欧盟和澳大利亚为例》，载《上海法学研究》第 9 卷。

[86] 〔美〕尼古拉斯·L. 吉奥加卡波罗斯，2014，《法律经济学的原理与方法：规范推理的基础工具》，许峰、翟新辉译，复旦大学出版社。

[87] 牛彬彬，2020，《动态系统论视角下自动驾驶侵权损害赔偿体系之建构》，《大连理工大学学报》（社会科学版）第 3 期。

[88] 牛彬彬，2019，《我国高度自动驾驶汽车侵权责任体系之建构》，《西北民族大学学报》（哲学社会科学版）第 3 期。

[89] 牛天宝，2020，《通过现有规范解决自动驾驶汽车肇事之刑事责任归属问题》，《法学杂志》第 3 期。

[90] 欧阳英，2019，《从马克思的异化理论看人工智能的意义》，《世界哲学》第 2 期。

[91] 彭诚信，2018，《人工智能的法律主体地位》，《人民法治》第 18 期。

[92] 彭文华，2019，《人工智能的刑法规制》，《现代法学》第 5 期。

[93] 齐彬言，2019，《自动驾驶汽车致害对侵权责任制度的挑战》，《法制与社会》第 9 期。

[94] 钱思雯，2019，《弱人工智能时代的法律回应——构建以产品责任为核心的责任分配体系》，《中国科技论坛》第 9 期。

[95] 乔路、白雪，2018，《人工智能的法律未来》，知识产权出版社。

[96] 乔岳、熊秉元，2014，《望远镜里的法经济学：理论架构和分析工具》，《法律科学》（西北政法大学学报）第 4 期。

[97] 〔日〕青木昌彦，2001，《比较制度分析》，周黎安译，上海远东出版社。

[98] 丘海雄、张应祥，1998，《理性选择理论述评》，《中山大学学报》（社会科学版）第 1 期。

［99］ 邱惠君、梁冬晗、李凯，2021，《欧盟人工智能立法提案的核心思想及未来影响分析》，《信息安全与通信保密》第 9 期。

［100］〔美〕萨维尔，2009，《法律的经济分析》，柯华庆译，中国政法大学出版社。

［101］ 桑本谦，2008，《疑案判决的经济学原则分析》，《中国社会科学》第 4 期。

［102］ 桑本谦，2003，《椎定与汉德过失公式》，《广东社会科学》第 4 期。

［103］ 司晓、曹建峰，2017，《论人工智能的民事责任：以自动驾驶汽车和智能机器人为切入点》，《法律科学》（西北政法大学学报）第 5 期。

［104］〔美〕斯蒂文·萨维尔，2004，《事故法的经济分析》，翟继光译，北京大学出版社。

［105］ 搜狐网，2016，《全球首例！高交会上机器人打伤人并碰碎玻璃》，登录时间：2021 年 12 月 16 日，https://www.sohu.com/a/119342776_216686。

［106］ 搜狐网，2018，《特斯拉自动驾驶致死案进展：公司承认案发时车辆处于自动驾驶状态》，登录时间：2022 年 5 月 9 日，https://www.sohu.com/a/224404417_115542。

［107］ 苏炜杰，2021，《人工智能养老服务侵权问题探析》，《兰州学刊》第 4 期。

［108］ 孙正聿，2019，《全面掌握辩证唯物主义的世界观和方法论》，《党建》第 6 期。

［109］ 唐斌，2013，《侵权损害赔偿的经济分析》，《法制与社会》第 14 期。

［110］〔美〕唐纳德·A. 威特曼编，2006，《法律经济学文献精选》，苏力等译，法律出版社。

［111］ 腾讯研究院，2017，《人工智能各国战略解读：英国人工智

能的未来监管措施与目标概述》，《电信网技术》第 2 期。

[112] 腾讯研究院，2017，《人工智能各国战略解读：英国人工智能的未来监管措施与目标概述》，《电信网技术》第 2 期。

[113] 王成，2019，《侵权责任法》（第三版），北京大学出版社。

[114] 王成，2019，《人工智能法律规制的正当性、进路与原则》，《江西社会科学》第 2 期。

[115] 王飞翔，2019，《人工智能侵权的法经济学分析》，《市场周刊》第 7 期。

[116] 王利明，2000，《惩罚性赔偿研究》，《中国社会科学》第 4 期。

[117] 王利明，1992，《侵权行为法归责原则研究》，中国政法大学出版社。

[118] 王利明，2003，《侵权行为概念之研究》，《法学家》第 3 期。

[119] 王利明，2016，《侵权责任法》，中国人民大学出版社。

[120] 王利明，2018，《人工智能时代对民法学的新挑战》，《东方法学》第 3 期。

[121] 王楠，2020，《人工智能背景下劳动法的机遇与挑战——以"劳动者劳动权"为视角》，《中外企业文化》第 8 期。

[122] 王青龙，2011，《无过错责任原则的经济分析》，《北京化工大学学报》（社会科学版）第 4 期。

[123] 王卫国，2000，《过错责任原则：第三次勃兴》，中国法制出版社。

[124] 王勇，2018，《人工智能时代的法律主体理论构造——以智能机器人为切入点》，《理论导刊》第 2 期。

[125] 王泽鉴，1998，《民法学说与判例研究》（第五册），中国政法大学出版社。

[126] 〔美〕威廉·M. 兰德斯、〔美〕理查德·A. 波斯纳，2005，《侵权法的经济结构》，王强、杨媛译，北京大学出版社。

[127] 魏建，2002，《理性选择理论与法经济学的发展》，《中国社会科学》第 1 期。

[128] 魏益华、于艾思，2020，《法经济学视阈下人工智能产品责任归责原则》，《吉林大学社会科学学报》第 2 期。

[129] 魏振瀛，2009，《制定侵权责任法的学理分析——侵权行为之债立法模式的借鉴与变革》，《法学家》第 1 期。

[130] 〔美〕沃伦·A. 西维，2005，《过失：主观抑或客观?》，林海译，载《哈佛法律评论·侵权法学精粹》，法律出版社。

[131] 吴汉东，2017，《人工智能时代的制度安排与法律规制》，《法律科学》（西北政法大学学报）第 5 期。

[132] 吴景丽，2006，《侵权法归责原则的经济学分析》，北京交通大学博士学位论文。

[133] 吴维锭、张潇剑，2019，《人工智能致第三方损害的责任承担：法经济学的视角》，《广东财经大学学报》第 3 期。

[134] 吴习彧，2018，《论人工智能的法律主体资格》，《浙江社会科学》第 6 期。

[135] 吴晓露，2009，《多重均衡的刀刃解：产品责任制度的法经济学分析》，浙江大学博士学位论文。

[136] 吴梓源，2019，《人工智能时代下机器人的身份定位及权利证成》，《人权研究》第 1 期。

[137] 肖峰，2019，《人工智能与人工体能的哲学比较》，《思想理论教育》第 4 期。

[138] 肖峰，2019，《〈资本论〉的机器观对理解人工智能应用的多重启示》，《马克思主义研究》第 6 期。

[139] 谢小平、王忠民，2003，《侵权损害赔偿的经济分析》，《西北工业大学学报》（社会科学版）第 1 期。

[140] 徐爱国，2007，《侵权法的经济学理论：一个思想史的札记》，《法制与社会发展》第 6 期。

[141] 徐爱国，2006，《侵权法的历史散论》，《法学》第 1 期。

[142] 徐静文、张红霄、何文剑，2016，《环境侵权因果关系证明责任分配规则的法经济学分析——基于 2005——2015 年 120 份环境侵权判决书》，载《新形势下环境法的发展与完善——2016 年全国环境资源法学研讨会（年会）论文集》。

[143] 许中缘，2018，《论智能机器人的工具性人格》，《法学评论》第 5 期。

[144] 晏景，2014，《侵权责任中的因果关系认定》，人民法院出版社。

[145] 杨静毅，2011，《惩罚性赔偿金额的经济分析》，《东岳论丛》第 3 期。

[146] 杨立新，2019，《民事责任在人工智能发展风险管控中的作用》，《法学杂志》第 2 期。

[147] 杨立新，2004，《侵权法论》（第三版），人民法院出版社。

[148] 杨立新，2018，《人工类人格：智能机器人的民法地位——兼论智能机器人致人损害的民事责任》，《求是学刊》第 4 期。

[149] 杨在会，2018，《"自动驾驶"汽车侵权的形态嬗变与制度建构》，《现代商贸工业》第 36 期。

[150] 叶名怡，2010，《侵权法上故意与过失的区分及其意义》，《法律科学（西北政法大学学报）》第 4 期。

[151] 叶明、张洁，2019，《无人驾驶汽车交通事故损害赔偿责任主体认定的挑战及对策》，《电子政务》第 1 期。

[152] 叶美琪，2019，《人工智能产品的侵权责任研究》，广州外语外贸大学硕士学位论文。

[153] 〔美〕伊恩·艾瑞斯，2014，《期权视阈下的法律权益结构》，朱莺、顾健译，复旦大学出版社。

[154] 殷秋实，2018，《智能汽车的侵权法问题与应对》，《法律科学》（西北政法大学学报）第 5 期。

[155] 由然，2019，《法经济学视野下的环境侵权法》，社会科学文献出版社。

[156] 于雪锋，2016，《侵权法中可预见性标准的基本功能及其比较》，《东方法学》第 4 期。

[157] 袁庆明，2005，《新制度经济学》，中国发展出版社。

[158] 袁曾，2017，《人工智能有限法律人格审视》，《东方法学》第 5 期。

[159] 约翰·伊特韦尔、默里·米尔盖特、彼得·纽曼编，1996，《新帕尔格雷夫经济学大辞典》（1~4），经济科学出版社。

[160] 约瑟夫·费尔德、李政军，2002，《科斯定理 1 - 2 - 3》，《经济社会体制比较》第 5 期。

[161] 张大伟、王梓，2021，《人工智能出版物著作权立法的国际竞争与战略意义》，《中国出版》第 13 期。

[162] 张吉豫，2018，《人工智能良性创新发展的法制构建思考》，《中国法律评论》第 2 期。

[163] 张继红、肖剑兰，2019，《自动驾驶汽车侵权责任问题研究》，《上海大学学报》（社会科学版）第 1 期。

[164] 张骐，1998，《产品责任中的损害与损害赔偿——一个比较研究》，《法制与社会发展》第 4 期。

[165] 张铁薇，2013，《共同侵权责任制度研究》，人民法院出版社。

[166] 张童，2018，《人工智能产品致人损害民事责任研究》，《社会科学》第 4 期。

[167] 张维迎，2003，《作为激励机制的法律——评〈侵权损害赔偿的经济分析〉》，《中国人民大学学报》第 2 期。

[168] 张新宝，2009，《侵权责任法立法：功能定位、利益平衡与制度构建》，《中国人民大学学报》第 3 期。

[169] 张玉洁，2017，《论人工智能时代的机器人权利及其风险规制》，《东方法学》第 6 期。

［170］赵明主编，2012，《法理学》，法律出版社。

［171］郑戈，2017，《人工智能与法律的未来》，《探索与争鸣》第10 期。

［172］郑景元、王雪琴，2010，《惩罚性赔偿的法经济学分析》，《求索》第 4 期。

［173］郑玉波，2004，《民法债编总论》，中国政法大学出版社。

［174］郑志峰，2018，《自动驾驶汽车的交通事故侵权责任》，《法学》第 4 期。

［175］郑志峰，2021，《自动驾驶汽车交通事故责任的立法论与解释论——以民法典相关内容为视角》，《东方法学》第 3 期。

［176］钟义信，2016，《人工智能："热闹"背后的"门道"》，《科技导报》第 7 期。

［177］周学峰，2012，《侵权诉讼与责任保险的纠结——从两方对抗到三方博弈》，《清华法学》第 2 期。

［178］周佑勇、王禄生等，2020，《智能时代的法律变革》，法律出版社。

［179］朱凌珂，2021，《赋予强人工智能法律主体地位的路径与限度》，《广东社会科学》第 5 期。

［180］邹蕾、张先锋，2012，《人工智能及其发展应用》，《信息网络安全》第 2 期。

英文文献

［1］Accenture. 2016. "Artificial Intelligence Poised to Double Annual Economic Growth Rate in 12 Developed Economies and Boost Labor Productivity by up to 40 Percent by 2035." Accessed September 28. https://newsroom. accenture. com/news/2016.

［2］Agrawal A K, Gans J S, Goldfarb A. 2018. "Economic Policy for Artificial Intelligence." *NBER Working Paper*, No. 24690.

[3] A. M. Turing. 1950. *Computing Machinery and Intelligence*. Oxford University Press on behalf of the Mind Association.

[4] Arlen J. 1985. "An Economic Analysis of Tort Damages for Wrongful Death." *New York University Law Review*, 60, pp. 1113 – 1136.

[5] Arlen J. 2000. "Tort Damages." in Bouckaert B, and Geest D G, eds., *Encyclopedia of Law & Economics* (Cheltenham: EdwardElgar), pp. 682 – 734.

[6] Ashrafian H. 2015. "AIonAI: A Humanitarian Law of Artificial Intelligence and Robotics." *Science & Engineering Ethics*, 21 (1), pp. 29 – 40.

[7] Bergh R, Visscher L. 2006. "The Principles of European Tort Law: The Right Path to Harmonization?" *European Review of Private Law*, 4, pp. 511 – 542.

[8] Brown J P. 1973. "Toward An Economic Theory of Liability." *The Journal of Legal Studies*, 2 (2), pp. 323 – 349.

[9] Calabresi G. 1975. "Concerning Cause and the Law of Torts: An Essay for Harry Kalven." *The University of Chicago Law Review*, 43 (1), pp. 69 – 100.

[10] Calabresi G. 1961. "Some Thoughts on Risk Distribution and the Law of Torts." *The Yale Law Journal*, 70 (4), pp. 499 – 553.

[11] Calabresi G. 1970. *The Cost of Accidents: A Legal and Economic Analysis*. New Haven: Yale University Press.

[12] Calo R. 2015. "Robotics and the Lessons of Cyberlaw." *California Law Review*, 103 (3), pp. 513 – 563.

[13] Coase R H. 1937. "The Nature of the Firm." *Economica*, 4 (16), pp. 386 – 405.

[14] Coase R H. 1960. "The Problem of Social Cost." *The Journal of Law and Economics*, 56 (4), pp. 1 – 4.

［15］ Cooter R D. 2003. "Hand Rule Damages for Incompensable Losses." *The San Diego Law Review*, 40 (4), p. 1097.

［16］ Cooter R D. 1984. "Prices and Sanctions." *Columbia Law Review*, 84 (6), pp. 1523 – 1560.

［17］ Cooter R D. 1989. "Punitive Damages for Deterrence: When and How Much?" *Alabama Law Review*, 40.

［18］ Cooter R D, Ulen T. 1988. *Law and Economics*. Chicago: Scott, Foresman and Company Press.

［19］ Council of the European Union. 2019. "European Coordinated Plan on Artificial Intelligence." https://data. consilium. europa. eu/doc/document/ST – 6177 – 2019 – INIT/en/pdf.

［20］ Danaher J. 2016. "Robots, Law and the Retribution Gap." *Ethics and Information Technology*, 18 (4), pp. 299 – 309.

［21］ Daughety A F, Reinganum J F. 2011. "Economic Analysis of Products Liability: Theory." *SSRN Electronic Journal*.

［22］ Del Rossi A F, Viscusi W K. 2010. "The Changing Landscape of Blockbuster Punitive Damages Awards." *American Law and Economics Review*, 12 (1), pp. 116 – 161.

［23］ Diamond P. 1974. "Accident Law and Resource Allocation." *The Bell Journal of Economics and Management Science*, 5 (2), pp. 366 – 405.

［24］ European Commission. 2021. "Laying Down Harmonised Rules on Artificial Intelligence (Artificial Intelligence Act) and Amending Certain Union Legislative Acts." https://eur-lex. europa. eu/resource. html? uri = cellar: 0694be88 – a373 – 11eb – 9585 – 01aa75ed71a1. 0001. 02/DOC_1&format = PDF.

［25］ European Commission. 2020. "White Paper: On Artificial Intelligence-A European Approach to Excellence and Trust." https://

ec. europa. eu/info/sites/default/files/commission-whitepaper-arti-
ficial-intelligence-feb2020_ en. pdf.

[26] European Parliament. 2018. "Civil Law Rules on Robotics." ht-
tps://eur-lex. europa. eu/legal-content/EN/TXT/? uri = CELEX%
3A52017IP0051&qid = 1640308351076.

[27] Galasso A, Luo H. 2019. "Punishing Robots: Issues in the Eco-
nomics of Tort Liability and Innovation in Artificial Intelligence."
in Agrawal A, Gans J, and Goldfarb A, eds. , *National Bureau
of Economic Research* (University of Chicago Press).

[28] Goldberg V P. 1974. "The Economics of Product Safety and Imper-
fect Information." *The Bell Journal of Economics and Management
Science*, 5 (2), pp. 683 – 688.

[29] Gottehrer G. 2018. "The Impact of the Artificial Intelligence Revo-
lution on the Law." *Women Lawyers Journal*, 103 (2), p. 16.

[30] Grossman, S. 1981. "The Informational Role of Warranties and
Private Disclosure about Product Quality." *Journal of Law & Eco-
nomics*, 24 (3), pp. 461 – 483.

[31] Hall M A, Dugan E, Zheng B, Mishra A K. 2001. "Trust in
Physicians and Medical Institutions: What Is It, Can It Be Mea-
sured, and Does It Matter?" *The Milbank Quarterly*, 79 (4),
pp. 613 – 639.

[32] Haugeland, J. 1978. "The Nature and Plausibility of Cognitivism."
Behavioral and Brain Sciences, 1, pp. 215 – 260.

[33] Hevelke A, Nida-Rümelin J. 2015. "Responsibility for Crashes of
Autonomous Vehicles: An Ethical Analysis." *Science and Engi-
neering Ethics*, 21 (3), pp. 619 – 630.

[34] Hippel E V. 2005. "Democratizing Innovation: The Evolving Phe-
nomenon of User Innovation." *Management Review Quarterly*, 55

（1），pp. 63 – 78.

［35］ House of Commons Science and Technology Committee. 2016. "Robotics and Artificial Intelligence." http://publications. parliament. uk/pa/cm201617/cmselect/cmsctech/145/145. pdf.

［36］ Hurwicz L. 1973. "The Design of Mechanisms for Resource Allocation." *The American Economic Review*, 63（2），pp. 1 – 30.

［37］ Ko S. 2018. "Artificial Intelligence and Tort Liability Rules." *Chungnam Law Review*, 29（2），pp. 85 – 117.

［38］ Kowert W. 2017. "The Foreseeability of Human-Artificial Intelligence Interactions." *Texas Law Review*, 96（1），pp. 181 – 204.

［39］ Lessig L. 2006. *Code and Other Laws of Cyberspace*. New York: Basic Books Press.

［40］ Marcus J S. 2018. "Liability: When Things Go Wrong in An Increasingly Interconnected and Autonomous World: A European View." *IEEE Internet of Things Magazine*, 1（2），pp. 4 – 5.

［41］ Min S C. 2020. "A Study on the Tort Liability Caused by Accident due to Malfunction of Artificial Intelligence Robots." *Journal of Theory and Practices of Private Law*, 23（3），pp. 1 – 61.

［42］ Muzyka K. 2013. "The Outline of Personhood Law Regarding Artificial Intelligences and Emulated Human Entities." *Journal of Artificial General Intelligence*, 4（3）.

［43］ National Highway Traffic Safety Administration. 2017. "Automated Driving Systems: A Vision for Safety 2. 0." https://www. nhtsa. gov/sites/nhtsa. gov/files/documents/13069a-ads2. 0 _ 090617 _ v9a_ tag. pdf.

［44］ National Highway Traffic Safety Administration. 2020. "Ensuring American Leadership in Automated Vehicle Technologies: Automated Vehicles 4. 0." https://www. transportation. gov/sites/dot. gov/

files/2020 – 02/EnsuringAmericanLeadershipAVTech4. pdf.

［45］ National Highway Traffic Safety Administration. 2016. "Federal Automated Vehicles Policy: Accelerating the Next Revolution in Roadway Safety." https://www. transportation. gov/sites/dot. gov/files/docs/AV% 20policy% 20guidance% 20PDF. pdf.

［46］ National Highway Traffic Safety Administration. 2018. "Preparing for the Future of Transportation: Automated Vehicles 3. 0. " https://www. transportation. gov/sites/dot. gov/files/docs/policy-initiatives/automated-vehicles/320711/preparing-future-transportation-automated-vehicle – 30. pdf.

［47］ Office Of Management and Budget. 2020. "Guidance for Regulation of Artificial Intelligence Applications. " https://www. whitehouse. gov/wp-content/uploads/2020/01/Draft-OMB-Memo-on-Regulation-of-AI – 1 – 7 – 19. pdf.

［48］ O'sullivan S, Nevejans N, Allen C, Blyth A, Leonard S, Pagallo U, Holzinger A, Sajid M I, Ashrafian H. 2019. "Legal, Regulatory and Ethical Frameworks or Standards for AI and Autonomous Robotic Surgery." *The International Journal of Medical Robotics and Computer Assisted Surgery*, 15 (1).

［49］ Parisi F. 1995. "Private Property and Social Costs. " *European Journal of Law and Economics* , 2 (2), pp. 149 – 173.

［50］ Peterson W R. 2012. "New Technology-Old Law: Autonomous Vehicles and California's Insurance Framework." *Santa Clara Law Review*, 52 (4), p. 1341.

［51］ Polinsky A M, Shavell S. 1998. "Punitive Damages: An Economic Analysis. " *Harvard Law Review* , 111 (4), pp. 869 – 962.

［52］ Polinsky A M, Shavell S. 1994. "Should Liability be Based on the Harm to the Victim or the Gain to the Injurer?" *Journal of Law Eco-*

nomics & Organization, 10（2）, pp. 427 – 437.

[53] Polinsky A M, Shavell S. 2010. "The Uneasy Case for Product Liability." *Harvard Law Review*, 123（6）, pp. 1437 – 1492.

[54] Posner R A. 1972. "A Theory of Negligence." *The Journal of Legal Studies*, 1（1）, pp. 29 – 96.

[55] Posner R A. 1973. "Strict Liability: A Comment." *The Journal of Legal Studies*, 2（1）, pp. 205 – 221.

[56] Bellman, R. 1978. *An Introduction to Artificial Intelligence: Can Computers Think?* San Francisco: Boyd & Fraser Publishing Company.

[57] Rich, E & Knight, K. 1991. *Artificial Intelligence.* 2nd edition. New York: McGraw-Hill.

[58] Samuelson P. 1986. "Allocating Ownership Rights in Computer-Generated Works." *University of Pittsburgh Law Review*, 47（4）, pp. 1185 – 1228.

[59] Scherer M U. 2016. "Regulating Artificial Intelligence Systems: Risks, Challenges, Competencies, and Strategies." *Harvard Journal of Law & Technology*, 29（2）, p. 353.

[60] Schroll C. 2015. "Splitting the Bill: Creating A National Car Insurance Fund to Pay for Accidents in Autonomous Vehicles." *Northwestern University Law Review*, 109（3）, p. 803.

[61] Schwartz A. 1988. "Proposals for Products Liability Reform: A Theoretical Synthesis." *The Yale Law Journal*, 97（3）, pp. 353 – 419.

[62] Schwartz G T. 1981. "Tort Law and the Economy in Nineteenth-Century America: A Reinterpretation." *The Yale Law Journal*, 90（8）, pp. 1717 – 1775.

[63] Shavell S. 1980. "Strict Liability Versus Negligence." *The Journal*

of Legal Studies, 9 （1）, pp. 1 – 25.

［64］ Smith B W. 2017. "Automated Driving and Product Liability." *Michigan State Law Review*, 1.

［65］ Sunstein C R, Hastie R, Payne J W, Schkade D A, Viscusi W K. 2002. *Punitive Damages: How Juries Decide.* Chicago: University of Chicago Press.

［66］ Viscusi W K, Moore M J. 1993. "Product Liability, Research and Development, and Innovation." *The Journal of Political Economy*, 101 （1）, pp. 161 – 184.

［67］ Vladeck D C . 2014. "Machines without Principals: Liability Rules and Artificial Intelligence." *Washington Law Review*, 89 （1）, p. 117.

［68］ Willetts D. 2013. " Speech: Eight Great Technologies." https://www. gov. uk/government/speeches/eight-great-technologies.

图书在版编目(CIP)数据

人工智能侵权责任制度的法经济学研究／于艾思著 .
北京：社会科学文献出版社，2024.11.--ISBN 978-7
-5228-3818-2

Ⅰ. D922.174

中国国家版本馆 CIP 数据核字第 20244AE741 号

人工智能侵权责任制度的法经济学研究

著　　者／于艾思

出 版 人／冀祥德
组稿编辑／高　雁
责任编辑／贾立平
责任印制／王京美

出　　版／社会科学文献出版社·经济与管理分社（010）59367226
　　　　　地址：北京市北三环中路甲 29 号院华龙大厦　邮编：100029
　　　　　网址：www.ssap.com.cn
发　　行／社会科学文献出版社（010）59367028
印　　装／三河市东方印刷有限公司

规　　格／开 本：787mm×1092mm　1/16
　　　　　印 张：13.5　字 数：180 千字
版　　次／2024 年 11 月第 1 版　2024 年 11 月第 1 次印刷
书　　号／ISBN 978-7-5228-3818-2
定　　价／98.00 元

读者服务电话：4008918866
版权所有 翻印必究